Ulrich Königswieser
Lars Burmeister
Marion Keil (Hrsg.)

Komplementär-
beratung
in der Praxis

Schnelle Optimierung bei
nachhaltiger Entwicklung

Mit einem Vorwort
von Roswita Königswieser

2012
Schäffer-Poeschel Verlag Stuttgart

Reihe Systemisches Management

Gedruckt auf chlorfrei gebleichtem, säurefreiem und alterungsbeständigem Papier

Bibliografische Information der Deutschen Nationalbibliothek
Die Deutsche Nationalbibliothek verzeichnet diese Publikation in der Deutschen Nationalbibliografie;
detaillierte bibliografische Daten sind im Internet über http://dnb.d-nb.de abrufbar.

ISBN 978-3-7910-2984-9

© 2012 Schäffer-Poeschel Verlag für Wirtschaft · Steuern · Recht GmbH
www.schaeffer-poeschel.de
info@schaeffer-poeschel.de

Einbandgestaltung: Dietrich Ebert, Reutlingen
Zeichnungen: Rupert Königswieser, © Königswieser & Network
Satz: Dörr + Schiller, Stuttgart
Druck und Bindung: CPI-Ebner & Spiegel, Ulm

Printed in Germany
September 2012

Schäffer-Poeschel Verlag Stuttgart
Ein Tochterunternehmen der Verlagsgruppe Handelsblatt

Inhalt

Vorwort

Roswita Königswieser

Ich freue mich über die Initiative meiner Gesellschafterkollegen, dieses Buch herauszugeben.

Es gehört zur Identität und Tradition von K & N, mit dem Netzwerk zu reflektieren. Erfahrungen und Wissen auszutauschen, Neues zu entwickeln – das ist aber für Selbstständige, die anspruchsvolle Projekte betreuen, hart arbeiten und sich oft ökonomischem Druck ausgesetzt sehen, keineswegs selbstverständlich. Doch genau dieses Ringen um Qualität, um neue Konzepte, um Erfolg, um Bewusstheit macht gute Berater aus.

Den komplementären Spagat zu schaffen – zwischen Praxis und Theorie, zwischen betriebswirtschaftlichem und Prozess-Know-how, zwischen schneller Optimierung und nachhaltiger Entwicklung, zwischen Pragmatismus und gesellschaftlichem Engagement – ist alles andere als einfach oder gar banal.

Dieses Buch soll anhand konkreter Fallgeschichten einen interessanten, impulsgebenden Einblick in die Beraterpraxis – und die damit verbundenen Herausforderungen – ermöglichen.

Nicht immer kann alles perfekt gelingen, doch immer ist das Wohl des Kunden im Auge zu behalten. Dabei gilt es, die eigenen Werte als Maßstab zu setzen, den erweiterten Blick in Gesamtzusammenhänge nicht zu vernachlässigen und immer wieder in gemeinsamer Reflexion aus den Erfahrungen und Überlegungen zu lernen. Daraus erfolgt Erfolg – fast automatisch. Dieser Erfolg ist nicht Selbstzweck, sondern Resultat gelungener Praxis.

Von dieser Grundhaltung ist das Buch getragen. Das verlangt mir Respekt ab. Das freut mich.

Einleitung
Schnelle Optimierung
bei nachhaltiger Entwicklung

Ulrich Königswieser, Lars Burmeister und Marion Keil

Seit der Entwicklung des systemisch-komplementären Beratungsansatzes sind einige Jahre ins Land gezogen. Die Rahmenbedingungen des Umfeldes haben sich verändert, unsere Auftragsschwerpunkte haben sich verschoben. Wir selbst haben uns verändert. War es vor Jahren z.B. noch ein zentrales Thema für uns gewesen, als Voraussetzung für professionelle Arbeiten die Konflikte und Konkurrenzen zwischen Fach- und Prozessberatern zu bearbeiten, ist diese Dynamik jetzt in den Hintergrund getreten. Es hat uns geholfen zu verstehen, dass uns nur das am anderen aufregt, was mit uns selbst zu tun hat.

Unsere Ziele sind klarer geworden, die Verfeinerung des Ansatzes ist *work in progress.*

Mit diesem Buch wollen wir sowohl typische Projekterfahrungen zur Verfügung stellen und sie einem Review unterziehen als auch eine Art Evaluation des Komplementärmodells vornehmen. Was sehen wir bestätigt? Was nicht? Gibt es Ergänzungen? Lassen sich unsere Ansprüche realisieren?

Das Buch bringt einige klare Antworten, wirft aber auch viele neue Fragen auf, denn alles Wissen und seine Vermehrung enden ja bekanntlich nicht mit einem Schlusspunkt, sondern mit Fragezeichen. Ein Plus an Wissen bedeutet ein Plus an Fragezeichen und jedes von ihnen führt zu weiteren neuen Fragen.

In jedem Fall schwebte uns vor, von unseren »Beratungsgeschichten« auszugehen. Die Wirklichkeit wird ja aus Geschichten gesponnen, nicht aus einem materiellen Stoff. Geschichten haben eine eigene Kraft, sie helfen uns, Realität zu begreifen, ihr Sinn zu verleihen.

Bei den Geschichten geht es uns darum, Wirkungsweisen zu verstehen und zu veranschaulichen: Anfangs versuchten wir im gemeinsamen Reflexionsprozess der Beratungsfälle *magic moments*, zu finden, die Knackpunkte, auf die es ankommt, die Art und Weise, wie ein komplementäres Projekt läuft, Weichenstellungen und Muster, die generalisierbar sind. Von diesem Ziel mussten wir uns jedoch verabschieden. Die Faktoren sind zu vielfältig, kontextabhängig, und die Augenblicke bilden einen nicht zu trennenden »Prozessfluss«.

Besonders interessant sind aber Brüche und Abbrüche in Projekten, weil man dadurch noch klarer sieht, worauf es ankommt. Brüche öffnen uns den Blick auf bewusste und unbewusste Grundannahmen, Denkweisen, Glaubenssätze seitens der Kunden und seitens der Berater. Oft erscheinen uns diese Grundannahmen so offensichtlich, dass man gar nicht weiß, was man annimmt – oder abstößt.

Unser Ziel ist es letztlich, die Quadratur des Kreises zu schaffen: gleichzeitig einen Beitrag sowohl zur schnellen Optimierung als auch zur nachhaltigen Entwicklung zu leisten.

Das Buch ist so aufgebaut, dass wir zuerst den Kontext betrachten, in dem Beratung stattfindet (Kapitel 1). Danach werden die Einblicke in die Projekte entlang der Beratungsphasen gegeben und Resümees gezogen (Kapitel 2), erst dann schlagen wir den Bogen zu den theoretischen Konzepten (Kapitel 3). Auch die Frage, was nach der Komplementärberatung kommt, beschäftigt uns. Im Kapitel »Ausblick« (Kapitel 4) stellen wir unsere Überlegungen dazu dar.

Das Buch sollte einerseits nicht zu viel wiederholen, was bereits zum Thema Komplementärberatung veröffentlich wurde, andererseits aber auch nicht alles schon voraussetzen, so dass auch Leser, die das »erste Buch« (Königswieser/Sonuç/Gebhardt/Hillebrand, 2006) nicht kennen, die Basisüberlegungen nachvollziehen können.

Wir danken unserem gesamten Netzwerk, weil es bei vielen Diskursen engagiert Ideen mit entwickelt hat.

Ganz besonderer Dank gilt unseren Kunden, mit denen wir gemeinsam die beschriebenen Erfahrungen gemacht haben. Deren Perspektiven haben entscheidend dazu beigetragen, dass die Fallgeschichten so reichhaltig geworden sind.

Ohne die Unterstützung des Projektleiters des Buchprojektes, Bela Peterson, und ohne Lisa Stegfellner, die alles koordinierte, wäre die Arbeit sicher nicht so zügig vorangegangen.

Wir freuen uns, dass Rupert Königswieser, Architekt der »Raumwerkstatt« und Designer in Wien, für uns wieder die Bilder gezeichnet hat. (Er macht auch alle Bilder, die wir für unsere Systemdiagnosen nutzen).

Man kann auch von Glück sprechen, dass uns unsere seit vielen Jahren be-währte Lektorin Nora Stuhlpfarrer die Treue hält. Sie verbessert die Texte und formuliert, was wir »eh gemeint« haben. Und wir schätzen die Rolle von Roswita Königswieser von ganzem Herzen, die uns Feedback gab und unsere Arbeit mental unterstützte und begleitete.

Als Herausgeber können wir sagen, dass uns die Auseinandersetzung mit der Thematik selbst viel gebracht hat. Dieses Wissen fließt nicht nur in unsere Beraterpraxis ein, sondern wirkt sich auch in unserer Weiterbildungsaktivität für Berater und in unseren Qualifikationsangeboten für Komplementärbera-ter fruchtbar aus.

Im Frühsommer 2012
Ulrich Königswieser, Lars Burmeister und Marion Keil

Kapitel 1
Paradoxien managen
Wirtschaftlicher und sozialer Kontext
der Beratungsarbeit

Ulrich Königswieser, Lars Burmeister und Marion Keil

Welches Umfeld finden wir vor? Mit welchen Rahmenbedingungen haben wir zu rechnen? Welche Zusammenhänge können wir zwischen der gesellschaftlichen Entwicklung und den unternehmerischen Herausforderungen beobachten?

Die gesellschaftliche Situation drückt den Organisationen ihren Stempel auf, deren Dynamiken wirken sich wiederum auf jeden der dort arbeitenden Menschen aus. Beratung findet also inmitten der Bewegung und Wechselwirkung zwischen Individuum, Organisation und Gesellschaft statt. Ohne diese Zusammenhänge und deren Auswirkungen zu sehen und zu berücksichtigen, ist professionelle Beratung nicht möglich. Wir denken, dass das unabhängig vom jeweiligen konkreten Beratungsansatz Gültigkeit hat.

Wir haben uns bereits an anderer Stelle ausführlich mit diesen Einflüssen befasst. Nur so viel sei gesagt: Als Kontext von Beratung sind nach wie vor Faktoren wie Globalisierung, Deregulierung der Wirtschaft, Umbau des Sozialstaates, demoskopische Entwicklung, Verschuldung usw. anzuführen. Was davon hat sich unserer Wahrnehmung nach in den letzten Jahren verändert, verstärkt?

Scharfer Wettbewerb

Auf der Unternehmensebene stellen wir fest, dass sich der Druck noch weiter erhöht hat: Der Wettbewerb wird härter, die Zukunftsfähigkeit auf den globalen Märkten schwieriger, da die Gemengelage noch komplexer geworden ist. Es geht dabei nicht nur um Qualität, Preise und Dienstleistungsangebote, sondern auch um nicht unmittelbar beeinflussbare Rahmenbedingungen, z.B. um Gesetzesauflagen oder die Frage, ob in einem Land Frieden oder Unruhe herrscht, um die Kaufkraft und die Stabilität von Währungen und um vieles mehr.

Neue Medien

Ein großes Feld, das immer mehr an Bedeutung gewinnt, ist die sich ständig erweiternde Medienlandschaft mit ihren vielen Optionen. Wie sonst könnten räumlich voneinander entfernte Teammitglieder kommunizieren, wenn nicht über Videokonferenzen, WebEx etc.? Wir beobachten jedoch, dass sich die neuen Medien auf die Qualität von Beziehungen auswirken: Die Geschwindigkeit der Kommunikations- und Aktionsabläufe sowie die permanente Erreichbarkeit bedeuten mehr Stress. Laptops, Handys und Blackberrys stören in Workshops. Beschleunigung trifft auf Entschleunigung.

Permanenter Wandel

Wir stellen uns auch immer eindringlicher die Frage, wie nachhaltig Veränderungsprozesse überhaupt noch sein können, da es zwischen den jeweiligen Veränderungsphasen kaum noch Verschnaufpausen gibt. Eine Reorganisation löst die andere ab. Wandel wird zu einem Dauerzustand. Das führt zu Ermüdungserscheinungen, die für Veränderungen erforderlichen Energien verdünnen sich. So gesehen bedeutet Nachhaltigkeit für uns, dass die Art und Weise, wie Probleme gelöst werden, wie Zukunftsfähigkeit als Dauerthema lebendig bleibt, vom System internalisiert ist und auch dann zum Tragen kommt, wenn wir Berater weg sind.

Daher tendieren wir auch dazu, Kulturveränderung nicht mehr als gesonderten Aufgabenbereich zu behandeln, sondern die aktuellen inhaltlichen Probleme anzupacken, die Zusammenarbeit nach Möglichkeit zu verbessern, die jeweils nötigen Projekte zu realisieren und dabei nicht nur das Was, sondern auch das Wie bewusst zu gestalten, wobei wir immer wieder Reflexionsschleifen einziehen. Auf diese Weise ergibt sich Schritt für Schritt eine Veränderung, die die kulturellen Muster mit einschließt.

Fluktuation im Topmanagement

Ein Problem, das uns im Zusammenhang mit Nachhaltigkeit beschäftigt, liegt darin, dass uns bei länger dauernden Projekten – insbesondere in DAX-Unternehmen – die Auftraggeber tendenziell abhandenkommen.

Im Topmanagement ist es – meist aus Karrieregründen – an der Tagesordnung, alle zwei bis drei Jahre die Position oder das Land zu wechseln. Das bedeutet einen massiven Einschnitt in die Organisation und ist, nicht nur für die Mitarbeiter, sondern auch für das Beratungsprojekt, von gravierender Bedeutung, da die Unterstützung seitens des Auftraggebers einen zentralen Erfolgsfaktor darstellt. Meist kann sich »der Neue« mit dem Prozess nicht identifizieren, da das Projekt »nicht sein Baby« ist und er dessen Entwicklung nicht miterlebt hat. Wir versuchen daher, schon von Anfang an als »Steuergruppe« nicht nur Vertreter des Topmanagements in die Verantwortung zu nehmen, sondern auch Personen aus der Vorstands- und Geschäftsführungsebene. Wenn diese in die Projektleitung mit eingebunden sind, erhöht das die Chancen auf die Kontinuität des Prozesses. Auf dieser Ebene finden Personalwechsel seltener statt, und es ist zudem auch mehr Distanz zur Logik des Finanzkapitals gegeben. Folglich können auch die längerfristigen Interessen des Unternehmens und der Mitarbeiter berücksichtigt werden.

In vom Inhaber geführten Unternehmen stellt sich die Situation deutlich anders dar als in DAX-Unternehmen. Das Unternehmen hat als Teil der Identität der Anteilseigner einen anderen Stellenwert. Meist geht es dabei auch um das eigene Lebenswerk, das langfristig Bestand haben soll.

Internationalisierung

Eine weitere Charakteristik unseres Umfelds ist die beinahe selbstverständliche Internationalisierung der Unternehmen, die Ausrichtung auf die globalen Märkte, die Fremdsprachenanforderungen, die interkulturellen Fragestellungen. All das zieht auch eine partielle Verlagerung unserer strategischen Schwerpunkte sowie neue Anforderungen an unser Netzwerk bzw. dessen Erweiterung nach sich.

Fragmentierte Arbeitswelt

Als schwerwiegendes Phänomen im Kontext von Beratung möchten wir noch die Zentrifugalkraft der sich immer weiter ausdifferenzierenden Arbeitswelt anführen: noch mehr Produkte, die auf regionale Besonderheiten Rücksicht nehmen, noch mehr Spezialwissen der Experten, noch mehr Wissenschaftszweige, noch mehr Projekte gleichzeitig! Wo ist der Ort der Gesamtsteuerung, der Einsicht in Zusammenhänge, in Wechselwirkungen?

Früher war das Wissen »im Schoße der Philosophie« beheimatet. Ausdifferenzierung und Arbeitsteilung vertieften zwar die spezialisierten Kenntnisse – allerdings verschmälerte sich dadurch zugleich das Verständnis für die Gesamtzusammenhänge. Der systemische Ansatz versucht an dieser Stelle, ein ganzheitliches Bild der Welt zu schaffen, der Komplementäransatz möchte

darüber hinaus auch unterschiedliches Know-how reintegrieren (vgl. Königswieser, R./Sonuç, E./Gebhardt, J./Hillebrand, M. (Hrsg.): Komplementärberatung. Stuttgart 2006).

Businessthemen werden in der Komplementärberatung stets aus vier Perspektiven bearbeitet:

1. aus der Sicht der Kunden,
2. aus der Sicht der Mitarbeiter,
3. aus der Sicht der Umwelt und
4. aus der Sicht der Investoren.

Nur so ist die Komplexität zu managen.

Andauernde Krise

Und die Krise? Diese scheint – wie der Wandel – zu einem Dauerzustand zu
werden. Insgesamt registrieren wir eine Destabilisierung infolge der vielfa-
chen Verunsicherungen. Gleichzeitig begegnen wir aber auch anderen Möglichkeiten, auf dieses Krisenphänomen zu reagieren: entdramatisierend, un-
ternehmerisch, gelassen.

Natürlich finden sich diese unterschiedlichen Haltungen auch bei den Führungskräften und Mitarbeitern wieder. Wir erleben Gelassene, die nicht aus
der Ruhe zu bringen sind, die gestalten und Verantwortung übernehmen –
»Krise hin oder her«. Wir sind aber auch mit Menschen konfrontiert, die extrem verunsichert sind, die Orientierung erwarten, wo es keine geben kann,
die Schuldige suchen, wo immer es geht. Diese Menschen sind schlichtweg
überfordert, was sie allerdings zumeist nur in einem Vieraugengespräch zugeben, in dem sie auch über ihre Ängste und Sehnsüchte sprechen können. Öf-
fentlich aber geben sie sich stark, machen Druck und kritisieren auch oft den
systemischen Ansatz als »romantisch«, »naiv« oder »zu weich«. Die eigenen
Ängste werden abgewehrt. Hier gelingt ein Bündnis vorerst nur über Zahlen,
Daten, Fakten – über das gemeinsame Bestreben, genug Cash zu haben, güns-
tige Kredite zu bekommen, sinnvolle Investitionen tätigen zu können, intelligente Sparprogramme durchzuziehen, klug zu wachsen.

Eine weitere Gruppe gibt die Überforderung zu und erlebt die Arbeit mit
uns und unsere Angebote als »für das Leben Weichen stellende Lernchance«.
Die Integration von betriebswirtschaftlichen Fakten und menschlichen Faktoren wird dankbar aufgegriffen.

Resümierend kann man sagen: Die Kontexte unserer Arbeit haben sich verändert. Nimmt man allerdings eine Metaperspektive ein, kann man auch den Standpunkt vertreten, dass die wesentlichsten Fragen, mit denen wir konfrontiert sind, gleich geblieben sind. Und diese lauten:

1. Wie kann ein Unternehmen erfolgreicher werden, ohne die Nachhaltigkeit (sozial, ökologisch und ökonomisch) aus dem Blick zu verlieren? Oder anders gefragt: Wie sind schnelle Optimierung und nachhaltige Entwicklung gleichzeitig zu ermöglichen?
2. Wie können wir die Mitglieder eines Unternehmens unterstützen, damit sie lernen, mit den vielfältigen Widersprüchen und Unsicherheiten bewusster und besser umzugehen?
3. Auf welche Weise lässt sich im Zuge unserer Beratungstätigkeit ein Mehrwert für Individuen, Unternehmen und Gesellschaft erzielen?

Kapitel 2
Geschichten aus der Praxis
Erfolgsfaktoren, Stolpersteine und Lessons learned

Bei der Auswahl und Anordnung der konkreten Fallbeispiele orientierten wir uns soweit wie möglich an den wichtigsten Schritten des Beratungsprozesses: Analyse (Kapitel 2.1), Planung (Kapitel 2.2) und Interventionen im Unternehmensentwicklungsdreieck Strategie-Struktur-Kultur (Kapitel 2.3 bis Kapitel 2.8). Die bereichs- und themenübergreifenden Elemente Staffarbeit (Kapitel 2.9) sowie Steuerung und Arbeit mit der Projektleitung (Kapitel 2.10) laufen über den gesamten Beratungszeitraum.

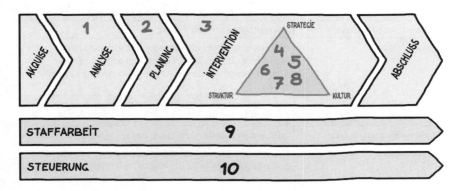

Abb. 1: Zuordnung der Fallbeispiele zu den einzelnen Phasen des Beratungsprozesses

Im Folgenden geben wir einen kurzen Überblick über die Fallbeispiele.

Fallbeispiele im Überblick	
Kapitel 2.1	**Komplementäre Systemdiagnose: Solides Fundament für die Veränderungsarbeit**
Phase im Beratungsprozess	Analyse
Worum geht es?	Keine Intervention ohne vorangehende Systemdiagnose! Daher bildet dieser Artikel den Anfang und beschreibt, worauf wir in der Analysephase komplementär blicken und wie wir dabei vorgehen.
Kapitel 2.2	**Rollenklärung: Wollen Sie einen Architekten – oder doch die Feuerwehr?**
Phase im Beratungsprozess	Planung
Worum geht es?	Architekturen bieten aufgrund ihres hohen Abstraktionsniveaus in der Planungsphase eine gute erste Orientierung bezüglich dessen, was im Beratungsprozess bearbeitet werden soll. Sie zeigen auf, in welcher Rolle wer wo was wann mit wem im Verlauf des Veränderungsprozesses entwickeln sollte.
Kapitel 2.3	**Fachliche Vorschläge: Auch das sind Interventionen**
Phase im Beratungsprozess	Interventionen vor dem Dreieck
Worum geht es?	Fachlich orientierte Interventionen sind eine der ersten Maßnahmen im Beratungsprozess. Hier geht es um ihre Charakteristika und darum, was bei ihrem Einsatz zu beachten ist.
Kapitel 2.4	**Personalmanagement: Erfolgreiche Neupositionierung für die Zukunft**
Phase im Beratungsprozess	Interventionen in der Mitte des Dreiecks
Worum geht es?	Hier beschreiben wir Interventionen, bei denen ein hohes Maß an Fachlichkeit einfließt. Die inhaltliche Positionierung sehen wir ziemlich ausgewogen zwischen den Elementen Strategie, Struktur und Kultur.
Kapitel 2.5	**Fachkompetenz: Der Schlüssel zur vernetzten Organisation**
Phase im Beratungsprozess	Interventionen zwischen Struktur und Kultur
Worum geht es?	Hier geht es um die Kunst, das Wissen bezüglich der Netzwerkorganisation mit dem Wissen hinsichtlich des Changemanagements gut zu verknüpfen. Im Entwicklungsdreieck ist dieser Fall stärker auf die Struktur und nur zu einigen Teilen auf die Kultur ausgerichtet.

Kapitel 2.6	Bereichsübergreifende Zusammenarbeit: Erfolgsfaktor für nachhaltige Veränderung
Phase im Beratungsprozess	Interventionen zwischen Struktur und Kultur, in geringem Maß in Richtung Strategie
Worum geht es?	Dieser Artikel soll aufzeigen, dass Struktur und Kultur gleichermaßen voneinander abhängig sind und die Gestaltung des einen ohne die des anderen nicht zu bewerkstelligen ist.
Kapitel 2.7	**Mergers & Acquisitions: Wie gewonnen, so zerronnen**
Phase im Beratungsprozess	Vorwiegend die Strategie betreffende Interventionen
Worum geht es?	Hier geht es darum, den richtigen strategischen Partner zu finden, und zwar was die Organisation, aber auch was den Auftraggeber des Beratungsprozesses betrifft. Bezogen auf das Entwicklungsdreieck sind dies vornehmlich strategische Themen.
Kapitel 2.8	**Strategieprozess: Jeder für sich und alle gemeinsam**
Phase im Beratungsprozess	Interventionen genau zwischen Strategie und Struktur
Worum geht es?	Dieser Beitrag beleuchtet, welch großen Unterschied es macht, ob Strategie einfach »verordnet« oder in einem gemeinsamen Prozess entwickelt wird.
Kapitel 2.9	**Komplementäre Staffarbeit: Die Kraft von Resonanzen nutzen**
Phase im Beratungsprozess	Staffarbeit
Worum geht es?	Hier soll aufgezeigt werden, dass die Bedeutung der systemisch-komplementären Staffarbeit über den gesamten Beratungsprozess und über alle Themen hinweg zunimmt. Nur wenn im Staff eine Reintegration der Fachdisziplinen und der entsprechenden Wissensgebiete stattfindet, kann das Ergebnis dieser Verbindung auch erfolgreich in den Beratungsprozess einfließen.
Kapitel 2.10	**Interne und externe Projektleitung: Brückenpfeiler der Beratung**
Phase im Beratungsprozess	Steuerung
Worum geht es?	Als ebenfalls bereichsübergreifendes Thema wird hier die erfolgskritische Zusammenarbeit von interner und externer Projektleitung beleuchtet. Denn der Austausch, der innerhalb des Beraterstaffs (Beratersystems) stattfindet, um zu einer gemeinsamen Meinung zu finden, muss auch zwischen dem Klientensystem und dem Beratersystem praktiziert werden. Dies geschieht zum Großteil in der Arbeit mit der internen und externen Projektleitung im Rahmen der Gesamtsteuerung des Projekts.

2.1   Komplementäre Systemdiagnose

Solides Fundament für die Veränderungsarbeit

Adrienne Schmidtborn und Ulrich Königswieser

2.1.1 Situation und Anforderung

Keine Intervention ohne vorherige Diagnose. Dieser goldenen Regel folgend ist die komplementäre Systemdiagnose einer der ersten Schritte – und zumeist einer der wichtigsten Schlüsselmomente in unseren Beratungsprojekten. Sie dient dazu, die Frage zu klären, was wann wie verändert werden soll. Da unsere Interventionen sowohl die manifeste als auch die latente Ebene berücksichtigen, müssen wir vorab ein umfassendes Charakterbild der Organisation – ihrer Potenziale und Defizite – erstellen.

Die Herausforderung der komplementären Systemdiagnose besteht darin, sowohl harte Fakten als auch weiche Faktoren sowie deren Zusammenspiel zu erheben und in der Auswertung zu einem Gesamtbild zu integrieren. Die komplementäre Systemdiagnose bietet somit eine Basis zur Ableitung der notwendigen Veränderungsmaßnahmen und des Ausmaßes an Kompensation, die wir beim Kunden leisten werden. Zudem setzt sie als mächtige Intervention Systeme in Bewegung, fördert Ideen zutage und bildet die Grundlage für Veränderungsprozesse unter Beteiligung der Betroffenen.

Wie wir bei der Erhebung des Charakterbildes einer Organisation vorgehen, lässt sich gut am Fall eines Unternehmens aus dem Bereich »Testen, Prüfen und Zertifizieren« – der rund 2 800 Mitarbeiter zählenden ISS-Gruppe Deutschland (anonymisiert) – verdeutlichen. Das Unternehmen ist durch zahlreiche Akquisitionen in den letzten Jahren stark gewachsen und erstreckt sich über 38 Standorte mit breit gefächerten Aufgabenbereichen. Das Topmanagement steht nun vor der Herausforderung, ein zu dieser Situation passendes Organisationsmodell einzuführen, um weiteres Wachstum zu ermöglichen und bereichsübergreifende Synergien feststellen und fördern zu können. Ein infrage kommendes Strukturmodell wurde bereits erstellt, doch ließ der Widerstand der Führungskräfte und Mitarbeiter dessen Einführung ins Stocken geraten. Also werden wir angefragt, das Organisationsmodell inhaltlich zu überprüfen und zu untersuchen, warum die Umsetzung bisher nicht gelungen ist (vgl. Kapitel 2.5).

2.1.2 Theoriehintergrund, Intervention und Auswirkung

Der Ablauf einer komplementären Systemdiagnose gliedert sich in vier Phasen, die sich – wie auch im vorliegenden Fall – überlappen und wiederholen können: In der ersten Phase geht es um Auftragsklärung und Information. Die Erhebungsphase wechselt sich meist mit mehreren Auswertungsphasen ab. Im Zuge der Endauswertung werden zudem erste Interventionen abgeleitet. Schlussendlich erfolgt in der vierten Phase die Rückspiegelung der Ergebnisse an den Kunden.

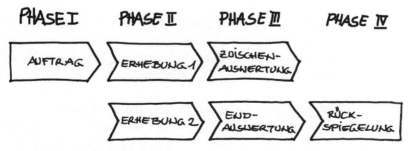

Abb. 2: Schematische Darstellung des Ablaufs einer komplementären Systemdiagnose

Phase 1: Auftragsklärung

Im vorliegenden Fall entscheiden wir uns im Rahmen der Auftragsklärung für ein Vorgehen in zwei Stufen: Zuerst soll das bereits vorliegende Organisationsstrukturmodell in einer Kurzdiagnose vorwiegend betriebswirtschaftlich validiert und bezüglich seiner Potenziale unter die Lupe genommen werden, um den Verantwortlichen eine Entscheidungsgrundlage zu liefern, ob das Modell den Anforderungen, die das Geschäft und die gegebene Strategie an das Unternehmen stellen, genügt und umgesetzt werden soll. In der Kurzdiagnose geht es auf betriebswirtschaftlicher Ebene darum, die Eignung des Organisationsmodells (Strukturen, Prozesse, Rollen und Verantwortlichkeiten) für die geplante Wachstumsstrategie zu überprüfen. Als Grundlage werden einerseits neueste Forschungsresultate zu erfolgreichen Wachstumsmodellen im Sinne eines Benchmarkings beigezogen und andererseits die Potenziale aus Sicht der Geschäftsleitung durch Interviews eruiert. Die Gegenüberstellung bildet die Basis für die über die abzuleitenden Hebelprojekte entscheidenden Diskussionen in der Steuergruppe.

Nach der Entscheidung für das geplante Organisationsstrukturmodell wird die Kurzdiagnose dann durch eine umfangreichere Hauptdiagnose, die eventuelle Hebel und Stolpersteine bei der Einführung des Modells identifiziert, ergänzt.

Phase 2a: Erhebung I – Kurzdiagnose

Bereits die Kurzdiagnose wird komplementär aufgesetzt. Unsere Experten für Organisationsstrukturen prüfen das Modell inhaltlich. Sie vergleichen unterschiedliche Organisationsformen wie z. B. die Matrix- und Netzwerkorganisation mit der strategischen Ausrichtung des Kunden und bewerten deren Passung.

Die Benchmark-Analyse macht klar, dass die geplante Aufbau- und Ablauforganisation des Organisationsmodells um die Elemente der Netzwerkorganisation – mit klaren Rollen und Verantwortlichkeiten – ergänzt werden muss, um die Voraussetzungen für erfolgreiches und nachhaltiges Wachstum zu schaffen.

In Ergänzung zur betriebswirtschaftlichen Bewertung des Modells wird eine Anzahl von Telefoninterviews (in diesem Fall fünf) mit Schlüsselpersonen organisiert, um einen ersten Eindruck hinsichtlich der Unternehmenskultur zu erhalten und latente Meinungen bezüglich des Modells aufzeigen zu können. Die Interviewten sollen also zum Strukturmodell und dessen Passung in Hinsicht auf die aktuelle Unternehmenssituation Stellung nehmen und die Vor- bzw. Nachteile der Pläne beurteilen. Die so gesammelten Informationen werden von Prozess- und Fachexperten gemeinsam ausgewertet. Über die betriebswirtschaftliche Begutachtung des Modells hinaus werden auch die »roten Fäden« – übereinstimmende Sachverhalte, Probleme und Meinungen – aufgezeigt und die Resultate im Rahmen einer Ergebnispräsentation miteinander verzahnt.

Phase 3a: Zwischenauswertung

Das neue Organisationsmodell von ISS-Deutschland erweist sich also, wie eben beschrieben, als fachlich hochwertiger und visionärer Prototyp, der gut zur Situation des Unternehmens und zu dessen Strategie, die eine Konzentration auf Kernkompetenzen innerhalb der Gruppe in Deutschland anstrebt, passt. Doch obwohl die Strukturpläne durchaus sinnvoll sind, ist deren Umsetzung bisher nicht gelungen. Woran hapert es also dann?

Die Auswertung der Interviews liefert erste Hinweise darauf, dass möglicherweise das Fehlen einer gemeinsamen Identität und ein Mangel an Koordination der Bereiche untereinander die Ursachen sein könnten. Es wird eine Kultur der »Fürstentümer« beschrieben, die zwar die Einzelbereiche stark macht, aber das Heben der großen bereichsübergreifenden Potenziale behindert. Diese Kultur schlägt sich auch in der Führung nieder. Des Weiteren wird die Fokussierung auf kurz- statt auf mittelfristiges Denken herausgestrichen. Im Rahmen eines Managementworkshops werden diese Ergebnisse sowie Vorschläge bezüglich der weiteren Vorgehensweise zurückgespiegelt. Das Gehörte löst bei allen Beteiligten große Resonanz aus und wird heiß diskutiert.

Um zu einer offenen, klaren Entscheidung zu gelangen, bitten unsere Berater jene Teilnehmer, die für die Einführung des Modells sind, im Stuhlkreis nach außen zu rücken. Fast alle Führungskräfte signalisieren durch das Zurückrücken ihres Stuhls, dass sie hinter der Einführung des Modells stehen. Die Skeptiker können ihre Bedenken äußern. Diese Bedenken können letztlich auch ausgeräumt werden, und somit fällt die Entscheidung für die Umsetzung und Fortführung des Change-Prozesses.

Phase 2b: Erhebung II – Hauptdiagnose

Um den Veränderungsprozess sinnvoll aufsetzen und auf eine breite Basis stellen zu können, wird entschieden, die Kurzdiagnose durch eine umfangreiche Hauptdiagnose zu ergänzen. Diese soll einen Eindruck von der Ist-Situation im Unternehmen vermitteln und Hinweise darauf liefern, wo das Organisationsstrukturmodell und die Geschäftsprozesse noch optimiert werden müssen. Effizienzpotenziale, aber auch förderliche bzw. hinderliche Kulturfaktoren sollen eruiert und Themen, die »unterm Teppich« liegen, aufgegriffen werden.

Um die Hauptdiagnose durchführen zu können, müssen vorab auch noch die Rahmenbedingungen geklärt werden. Dazu zählen der Zeitplan für Interviews und Rückspiegelungen, der Ablauf der Erhebung und die Anzahl der zu befragenden Personen. Letztere sollten über alle betroffenen Ebenen und Bereiche des Unternehmens verteilt sein, damit die Diagnose einen repräsentativen Querschnitt liefern kann. Zudem wird dem Kunden Informationsmaterial zur Verfügung gestellt, um Klarheit und Sicherheit hinsichtlich der Vorgehensweise zu ermöglichen und eine Grundlage zur Kommunikation des Vorhabens im gesamten Unternehmen zu bieten.

Auch wir müssen uns intern organisieren. Es hat sich bewährt, dass alle Berater, die später auch im Projektstaff sein werden, bereits in die Systemdiagnose eingebunden sind und Interviews führen, damit schon in dieser frühen Phase eine vertrauensvolle Beziehung zum Kundensystem aufgebaut werden kann.

Die Erhebung erfolgt an zehn Standorten, an denen 100 Mitarbeiter quer durch alle Hierarchieebenen in 45 Einzel- und Gruppeninterviews befragt werden. Diese werden weitgehend offen geführt, um auch die Erschließung latenter Themen zu ermöglichen. Interviewt wird – sofern organisatorisch möglich – in komplementären Beratertandems, somit können bereits in dieser Phase sowohl Fach- als auch Prozessperspektive berücksichtigt werden. Beschreiben etwa die Interviewten ihre Sicht auf das Organisationsmodell auf einer fachlichen Ebene und ändert sich ihr Tonfall plötzlich, werden wir hellhörig und fragen auf der Beziehungsebene weiter.

Die Interviewatmosphäre ist durchwegs offen und vertrauensvoll. Viele der Teilnehmer bezweifeln jedoch, dass es uns gelingen werde, für alle Standorte und Bereiche gleichermaßen geltende Gemeinsamkeiten zu finden – schließlich seien sie ja alle sehr verschieden in ihren Aufgaben und Tätigkeiten.

Phase 3b: Endauswertung

Für die Endauswertung werden im komplementären Beraterstaff alle erhobenen Informationen zusammengefasst, reflektiert und interpretiert. Es werden
Hypothesen gebildet und »rote Fäden« herausgefiltert. Unser Gesamteindruck
ergibt, dass es sich bei der ISS um ein erfolgreiches, leistungsstarkes Unternehmen mit hoher Kundenorientierung und großem Expertentum handelt, das
die Chance hat, mithilfe der im Organisationsmodell vorgesehenen Bündelung von Aktivitäten noch effektiver vorzugehen und effizienter dazustehen.

Die Kombination der betriebswirtschaftlichen Analyseergebnisse mit den
Informationen aus den Interviews macht jedoch auch klar, dass es zur Hebung
dieser Potenziale der Entwicklung einer Gesamtidentität im Unternehmen
bedarf. Es scheint die Sorge zu bestehen, die jeweiligen Bereiche könnten ihre
bisherige Identität infolge der Umsetzung des Strukturmodells verlieren. Bereichsübergreifende Synergien können nicht zum Tragen kommen, da das
Gefühl, in Konkurrenz zueinander zu stehen, und die Wahrnehmung, einander fremd zu sein, nicht zu wissen, was der andere eigentlich tut, so stark ist,
dass die Mitarbeiter die Notwendigkeit der Zusammenarbeit aller Bereiche –
deren Möglichkeiten und Vorteile – nicht erkennen können. Als eine unserer
zentralen Hypothesen bringen wir diesen Gedanken auch in einem Bild, das
wir zur Veranschaulichung zeichnen lassen, zum Ausdruck (vgl. Abb. 3).

Die Aussage des Bildes könnte wie folgt umschrieben werden: Wenn sich
die einzelnen erfolgreichen Gesellschaften mit ihren sich ergänzenden Unterschieden zu einem gemeinsamen Ganzen ausrichten, haben sie eine große
Außenwirkung, die alle stärkt.

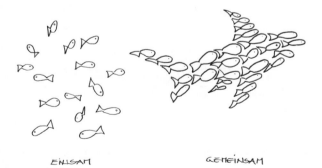

EINSAM   GEMEINSAM

Abb. 3: Bild aus der Rückspiegelung – Ist- und Zukunftssituation des Unternehmens

Aus der komplementären Systemdiagnose kann abgeleitet werden, dass eine erfolgreiche Umsetzung des Organisationsmodells eine andere Form von Führung verlangt: Mehr Delegation, Transparenz von Zuständigkeiten und bereichsübergreifende Zusammenarbeit sind gefordert. Als weitere Erfolgsfaktoren werden kontinuierliche Information und Dialoge hinsichtlich der Ergebnisse identifiziert. In einer nächsten Auswertungsschleife befassen wir uns mit den Widersprüchen und den Spannungsfeldern im Unternehmen. Die Quintessenz unserer Auswertung fließt schlussendlich noch in die sogenannte π-Tabelle ein – eine Tabelle der Erfolgsfaktoren, in der wir aufzeigen, wie sich Strategie, Struktur und Kultur im Verlauf der Umsetzungsphase ändern müssen, damit das neue Strukturmodell erfolgreich etabliert werden kann. Der griechische Buchstabe Pi – zwei senkrechte Striche mit Verbindungsstrich als Dach – steht als Symbol für den heutigen und zukünftigen Zustand der Organisation, die im Zuge der Umsetzungsphase miteinander verbunden werden sollen, und für den Gewinn, den das zweifelsohne mit sich bringt. Im Folgenden zeigen wir zwei ausgewählte Erfolgsfaktoren aus der π-Tabelle.

Phase 4: Rückspiegelung

Als Abschluss der Auswertungsphase wird zwecks Rückspiegelung an den Kunden und die Interviewten eine Ergebnispräsentation erstellt. Diese umfasst neben Informationen zum Ablauf unseren Gesamteindruck, Bilder und Wünsche der Mitarbeiter, unsere Bilder (ein Beispiel dafür ist Abb. 3) und Hypothesen sowie Statements der Interviewten zu Themenbereichen wie »Erfolgsfaktoren und Stärken«, »Herausforderungen und Chancen«, »Führung und Entscheidung«, »Synergien, Vernetzung und Prozesse«, »Organisationsmodell – Strategie, Struktur und Markt« und schlussendlich unsere π-Tabelle (siehe Abb. 4).

Heute	Umsetzungsphase	Morgen
Lokale Identität	Lokale Identität und überregionaler Vertrauensaufbau	ISS als Marke mit als hochkompetent wahrgenommenen einzelnen Bereichen
Hierarchisches Denken	Funktionales Denken, funktionale Prozesse und Verantwortlichkeiten	Vernetztes Denken, vernetzte Prozesse und Verantwortlichkeiten

Abb. 4: Auszug aus der π-Tabelle

Die Rückspiegelung ist meist einer der aufregendsten, aber auch magischsten Momente in der Anfangsphase eines Beratungsprozesses. Wir sind gespannt, wie die Resonanz der Mitarbeiter ausfallen wird. Es kommt zum ersten Mal ein echter Dialog mit der Organisation zustande. Bei ISS finden an fünf Standorten Rückspiegelungen in Form von Großveranstaltungen statt. Neben den Interviewten sind auch an den Ergebnissen Interessierte eingeladen. Nach einleitenden Worten des jeweiligen Standortleiters und der Auftraggeber werden die Diagnoseergebnisse präsentiert. Anschließend haben die Teilnehmer die Möglichkeit, sich in Kleingruppen darüber auszutauschen, was sie vom Gehörten als treffend, als weniger passend bzw. als überraschend empfinden. In den Kleingruppen finden rege Diskussionen statt. Die Teilnehmer sind konzentriert bei der Sache und sammeln ihre Resonanzen auf Flipcharts.

Nachdem jede Kleingruppe ihre Diskussionsergebnisse dem Plenum vorgestellt hat, führen die Auftraggeber kurz in das geplante Organisationsmodell ein und erläutern den Aufbau des Veränderungsprojekts. Bereits feststehende Projektmitglieder werden vorgestellt. Dann geht es wieder in die Kleingruppen. Die Teilnehmer werden gebeten, sich zu überlegen, welche Implikationen das Gehörte für den eigenen Standort mit sich bringen wird und in welcher Weise jeder von ihnen etwas dazu beitragen könnte. Erneut entstehen rege Diskussionen – immerhin geht es hier um die eigene Zukunft! Nachdem die Kleingruppen den Auftraggebern und den Beratern ihr Feedback präsentiert haben, beginnt die Abschlussrunde: Alle Teilnehmer sitzen in einem großen Stuhlkreis, und der Reihe nach kann jeder ein Abschlussstatement abgeben. In Summe ergibt das, dass die Ergebnisse als sehr passend erlebt werden. Wir bitten die Teilnehmer, auf einer Skala von null bis 100 Prozent anzugeben, inwieweit das eben Gehörte mit ihrer Sicht übereinstimmt. Hier wird ein hoher Durchschnittswert von 75 bis 85 Prozent angegeben. Für viele Teilnehmer ist es ein Aha-Erlebnis, dass einige Themen an allen Standorten gleichermaßen von Bedeutung sind – die einzelnen Bereiche also doch ähnlicher sind, als man dachte. Es wird als beruhigend empfunden, dass man die jeweilige Identität nicht aufgeben muss, um eine gute, bereichsübergreifende Zusammenarbeit zu etablieren. Die Mitarbeiter fühlen sich hinsichtlich der Pläne für die Zukunft des Unternehmens informiert und sind motiviert, am Wandel mitzuarbeiten. Wer an diesem aktiv mitgestalten möchte, kann sich melden und wird in eines der Teilprojekte mit einbezogen. Vorschläge werden notiert, von den Auftraggebern entgegengenommen und fließen anschließend in die angepasste Projektarchitektur mit ein.

Insgesamt schafft die Durchführung der komplementären Systemdiagnose eine solide Basis für die Aufsetzung des Veränderungsprojekts (vgl. Kapitel 2.5). Sie macht auf fachlicher Ebene klar, dass die Einführung des Organisationsstrukturmodells der passende Weg für die Zukunft des Unternehmens ist. Auf prozessualer Ebene sind die Stellhebel für eine erfolgreiche Umsetzung der Pläne identifiziert. Zudem ist das Vorhaben des Managements aufgrund der Rückspiegelungen bei der Mitarbeiterschaft allgemein bekannt, die Belegschaft weiß, wie und in welchem Rahmen sie mitgestalten kann.

2.1.3 Was macht hier den Unterschied zu ausschließlicher Fach- bzw. Prozessberatung?

Mithilfe der komplementären Systemdiagnose können wir – im Unterschied zu einer fachlichen oder rein prozessorientierten Organisationsanalyse (mit prozessorientiert sind hier die Kommunikationsprozesse sozialer Systeme gemeint) – ein **Gesamtbild der Organisation** erstellen, und zwar in Hinsicht auf Vision, Strategie, Struktur, Kultur, Ökonomie und auf die jeweiligen Wechselwirkungen, die sich im Verlauf des Veränderungsprozesses ergeben. Eine ausschließlich fachliche Diagnose konzentriert sich in der Regel auf das beste Konzept – meist für die Bereiche Strategie oder Struktur –, ähnlich wie in der Ausgangssituation des vorliegenden Falls: Das ursprüngliche Strukturmodell enthielt weder Hinweise auf seine Kompatibilität mit der vorherrschenden Organisationskultur noch darauf, wie es umgesetzt werden könnte. Die fachliche Diagnose ist somit zwar notwendig, aber unzureichend. Die Idee dahinter unterstellt, dass ein passendes Konzept jedem im Unternehmen einleuchten müsste und es folglich kaum Probleme bei der Einführung geben dürfe.

Eine Analyse, die sich auf die Kommunikationsprozesse der Organisation beschränkt, würde hingegen in erster Linie Informationen hinsichtlich der Unternehmenskultur und entsprechender Veränderungsmöglichkeiten liefern – wobei das Augenmerk nur peripher darauf gerichtet ist, dass kulturelle, strategische, strukturelle und ökonomische Faktoren des Unternehmens miteinander in Wechselwirkung stehen.

Die komplementäre Systemdiagnose soll eine **Brücke zwischen den Be-reichen Strategie, Struktur und Kultur sowie zwischen Konzept und Umsetzung** schlagen – wobei der Schwerpunkt der Analyse vom jeweiligen Auftrag abhängt. Im Fall der ISS wird die zu erwartende Interaktion zwischen den geplanten strukturellen Änderungen und der bestehenden Kultur aufge-zeigt. Es wird sichtbar, welche kulturellen Veränderungen notwendig sind und wo die Hebel liegen, um das zur Wachstumsstrategie passende Organisa-tionsmodell und die dazu nötigen Veränderungsprozesse erfolgreich auf- und umzusetzen.

Das Zusammenspiel zwischen den verschiedenen Analyseebenen zu gestal-ten, ist für uns immer wieder herausfordernd. Es gilt – dem Auftrag entspre-chend – die betriebswirtschaftlichen mit den sozialwissenschaftlichen Analy-semethoden zu verweben. Je besser das gelingt, desto klarer wird das Gesamtbild auch für den Kunden. Nur allzu leicht entsteht die Situation, dass die fachliche und die prozessorientierte Diagnose parallel ablaufen und die Ergebnisse nicht ausreichend miteinander verzahnt werden. Zudem versuchen wir beim Kunden bestehendes – meist fachliches – Wissen zu nutzen und ihn so weit wie möglich bereits in die Diagnose einzubinden.

Was braucht es, um die Informationen gut miteinander zu verweben und nicht nur aufeinanderzusetzen? Hinsichtlich dieser Herausforderung hat sich im Fall ISS wie auch in anderen komplementären Systemdiagnosen ein **Vor-gehen in mehreren Schleifen** bewährt: Zum einen sind im Lauf der Erhe-bung regelmäßige Treffen, Telefonkonferenzen und Zwischenauswertungen zwecks gemeinsamer Reflexion und Hypothesenbildung im komplementären Staff notwendig. Nur wenn alle den aktuellen Ergebnisstand kennen und verstehen, können einerseits die Fachberater die Zahlen, Daten und Fakten auch unter Miteinbeziehung ihres Wissens hinsichtlich der Kultur und der Identität des Unternehmens interpretieren, und andererseits können die Pro-zessberater kulturelle Hebel und Stolpersteine bezüglich der fachlich geplan-ten Änderungen identifizieren. Und nur so ist es möglich, noch genauer zu fokussieren und zu entscheiden, an welchen Punkten die Analyse in den nächsten Phasen noch vertieft werden soll.

Zudem bietet die Erstellung der π-**Tabelle** im Rahmen der Endauswer-tung die Möglichkeit zu überprüfen, ob uns die Verknüpfung gut gelingt. Um die Erfolgsfaktoren auf den Punkt zu bringen, müssen wir alle gesammelten Informationen in Hinblick auf den Markt nochmals auflisten und überlegen, welche Veränderungen bezüglich Strategie, Struktur und Kultur des Unternehmens das Projekt heute, in der Übergangsphase und morgen möglicherweise mit sich bringt bzw. erfordert. Die in der π-Tabelle festgehaltenen Reflexionen dienen als wichtige Orientierung sowohl für uns im Staff als auch für alle Unternehmensinternen, die die Veränderung eng begleiten und mitgestalten.

Ein weiteres für die komplementäre Systemdiagnose signifikantes Element sind die **interaktiven Rückspiegelungen**. Während Fachberater ihre Analyseergebnisse in der Regel ausschließlich an den Auftraggeber rückmelden, spiegeln wir in systemischer Tradition die Ergebnisse der Erhebung zumindest an alle in die Erhebung der Diagnose involvierten Personen zurück – gegebenenfalls sogar an eine noch größere Runde – und holen das Feedback dazu ein. Im Gegensatz zu rein prozessorientierten Rückspiegelungen werden hier jedoch auch die erhobenen *hard facts* berücksichtigt, und wir geben Empfehlungen bezüglich des weiteren Vorgehens ab. Somit sind die Ergebnisse zwar auf Kundenseite meist anschlussfähiger – vor allem in fachlich-technisch geprägten Unternehmen treffen sie die Sprache der Mitarbeiter –, allerdings werden die Rückspiegelungsveranstaltungen für uns Berater (und für die Auftraggeber) herausfordernder und brisanter.

Während die Berater bei der ausschließlich prozessualen Rückspiegelung selbst gleichsam neutral bleiben und so der Organisation einen Spiegel vorhalten, geht es bei der komplementären Rückspiegelung auch darum, Empfehlungen abzugeben. Die Ergebnisse der Diagnose bekommen durch die (vermeintlich) objektiven Daten mehr Gewicht, die Konsequenzen des Berichteten werden auch für Mitarbeiter, die mit *soft facts* wenig am Hut haben, besser abschätzbar. Somit fällt das Feedback der Rückspiegelungsteilnehmer vorerst entsprechend uneinheitlich und heftig aus. Um diese Herausforderung gut meistern zu können, ist es unbedingt notwendig, die Rückspiegelung ebenfalls im komplementären Tandem zu begleiten – dann können sowohl fachliche Fragen als auch solche zum prozessorientierten Teil kompetent beantwortet werden.

2.1.4 Was sagt der Kunde dazu?

Herr Dr. Z., Projekt- und Standortleiter, beantwortete unsere Fragen.

Welche Erwartungen hatten Sie an eine komplementäre Systemdiagnose?

»Ich kannte den systemisch-komplementären Ansatz nicht, war aber angenehm über-rascht, dass der Bereich Unternehmenskultur auch aus betriebswirtschaftlicher Sicht beleuchtet und reflektiert wurde. Das Dreigestirn Strategie – Struktur – Kultur war für mich stimmig. Unsere Erwartung war es, die Organisation weiterzuentwickeln und Blockaden hinsichtlich der Umsetzung des Organisationsstrukturmodells aufzu-heben. Mithilfe der breit aufgesetzten Systemdiagnose wurden Führungskräfte und Mitarbeiter erreicht und mobilisiert – man konnte nicht anders als mitzugehen –, die Erwartung wurde also erfüllt: Der Veränderungsprozess wurde erneut, jedoch anders angestoßen. Auch die Reflexion und Spiegelung dessen, wie wir Führung auf der kulturellen Ebene praktizierten, war passend. Anhand der Clusterung der Meldun-gen aus der Bestandsaufnahme wurden die Schmerzpunkte des Unternehmens, die wir in der Führungsebene schon erkannt und diskutiert hatten, auch für alle anderen in der Organisation sichtbar. Das betraf z. B. die Form unserer Zusammenarbeit, die Art und Weise, wie wir Entscheidungen trafen, sowie deren Verbindlichkeit oder die Erzeugung von Nachhaltigkeit. Besonders wichtig war für mich die Kernaussage aus dem betriebswirtschaftlichen Teil: ›Die Abläufe bestimmen die Aufbauorganisation!‹ Diese Feststellung führte dazu, dass wir im Rahmen des Veränderungsprojekts den im Organisationsstrukturmodell skizzierten Aufbau noch einmal mit der Ablaufor-ganisation abglichen und verschnitten.«

Was würden Sie aus heutiger Sicht wieder genauso bzw. anders machen wollen?

»Den systemisch-komplementären Ansatz mit der Einbindung der Mitarbeiter würde ich wieder wählen. Allerdings würde ich mir nicht mehr so viel Zeit lassen. Speziell in der zweiten Phase der Systemdiagnose bzw. zwischen den Rückspiegelungen und der Umsetzung des Veränderungsprojekts kam es auch zu Ungeduld bei den Mitar-beitern. Hier wäre ein Parallellaufen von Rückspiegelung und erster Bearbeitung be-stimmter Themen besser gewesen.«

Wie haben Sie als Projekt- und Standortleiter die Rückspiegelungen erlebt?

»Haften geblieben sind mir insbesondere die Rückspiegelungen der Systemdiagnose an die Mitarbeiter, wobei ich sowohl als einfacher Teilnehmer in den Workshops mitar-

beitete als auch als Standortleiter vor der Mannschaft stand. Ich empfand die Veranstaltungen als lebhaft, angenehm und kraftspendend. Eine Reihe von Mitarbeitern bekräftigte bei dieser Gelegenheit, Verantwortung für sich und das Unternehmen übernehmen zu wollen. Ich fand es erstaunlich, wie weit sich dabei manche in ihrer Positionierung vorwagten.«

Welche Teile der Systemdiagnose fanden Sie hilfreich? Welche weniger?

»Ich konnte Teile der Systemdiagnose heranziehen, wenn ich über die Fortschritte im Veränderungsprojekt berichtete. Besonders hilfreich waren da die Bilder, die Aussagen zum Aufbrechen der Egoismen und des Silodenkens in den Standorten und Businesslines sowie zur Schaffung von Transparenz hinsichtlich unseres Leistungsspektrums trafen.

Als besonders bereichernd empfand ich das komplementäre Element – dass immer gleichzeitig sowohl auf Stimmungen wie auch auf betriebswirtschaftliche Gegebenheiten geachtet wurde. Da konnte man einfach nicht zu dem Schluss kommen: ›Das ist aber jetzt wishful thinking und in der wirtschaftlichen Praxis nicht umsetzbar!‹ Beide Seiten hatten immer die Aufmerksamkeit und konnten beschleunigend oder dämpfend wirken.

Schwierig fand ich im Erhebungsprozess der Systemdiagnose den Organisationsaufwand, den der Anspruch seitens K & N, alle Staffmitglieder in die Interviewführung einzubinden, erforderte.«

Welche Auswirkungen der Systemdiagnose – im Unternehmen und auf das anschließende Projekt – konnten Sie beobachten?

»Zu Beginn war der Organisationsaufbau, der von einem kleinen inneren Zirkel entworfen worden war, eine theoretische Kopfgeburt, die ja nicht umgesetzt werden konnte. Mithilfe der Systemdiagnose und der komplementären Begleitung seitens K & N kam Bewegung ins Projekt. Wir fanden die Kraft, unabhängig von den Hierarchien eine Gruppe zu etablieren, die an der Entwicklung des Unternehmens arbeitete, indem sie die Validierung und Umsetzung des Organisationsstrukturmodells mittrug.

Bis heute konnten wir uns einen klaren Blick auf Organisationsprinzipien bewahren – und außerdem das Wissen, dass man sich als Organisation flexibel aufzustellen hat, damit man agieren und reagieren kann. Die Wirkung der komplementären System-

diagnose war in der Retroperspektive ein entscheidender Schritt für den Erfolg des Projekts. Die angestrebte Form der Ressortorganisation konnte im Zuge der Durchführung des an die Diagnose anschließenden Veränderungsprojekts mit Leben erfüllt werden.«

2.1.5 Was haben wir daraus gelernt?

In welche Richtung kann die komplementäre Systemdiagnose noch weiterentwickelt werden? Uns beschäftigen hier die Fragen, welche Fachbereiche wir abdecken und wie tief wir in diese einsteigen können und wollen. Derzeit entscheiden wir von Fall zu Fall, doch im Lauf der Zeit wird sich sicherlich herauskristallisieren, welche Branchen bzw. Themenfelder wir komplementär besonders gut beraten können.

So haben wir z. B. inzwischen gute Erfahrungen mit komplementären Systemdiagnosen als Ausgangspunkt für Restrukturierungen und für strategische Neuausrichtungen gemacht. Darüber hinaus hat sich ihr Einsatz zur Standortbestimmung, zur Evaluation und als Anstoß für kulturelle Veränderungsprozesse bereits mehrfach bewährt.

Ein schwieriges Gebiet, auf dem wir trotz einschlägiger Experten in unseren Reihen sehr gemischte Ergebnisse hatten, ist die Begleitung von M & A-Prozessen. Obwohl die Wichtigkeit der Berücksichtigung von Diagnoseergebnissen, die die kulturelle Ebene betreffen, hier durchaus erwiesen ist – immerhin scheitern die meisten Fusionen an kulturellen Faktoren –, sind gerade in der Anfangsphase eines solchen Prozesses die fachlichen Aspekte vorherrschend, und die komplementäre Sichtweise ist (noch?) nicht anschlussfähig genug (vgl. Kapitel 2.7).

Da wir – wie anfangs erwähnt – Interventionen keinesfalls ohne vorhergehende Diagnose setzen, wird es künftig immer mehr Spielarten unserer komplementären Systemdiagnose geben. Je nach Auftrag und Rahmenbedingungen – etwa bei Unternehmen mit Standorten auf der ganzen Welt – wird es zum Einsatz neuer Medien und zur Entwicklung neuer Minimal- oder Maximalversionen dieser Methode kommen.

2.2 Rollenklärung

Wollen Sie einen Architekten – oder doch die Feuerwehr?

Marion Keil

2.2.1 Situation und Anforderung

Das Kundensystem ist die Tochtergesellschaft der Deutschen Telekom in der Slowakei, die Slovak Telekom. In ihrer Netzwerk-/Infrastruktursparte, dem personell mit 2 500 Mitarbeitern größten Bereich des Unternehmens, stellen sich der neuen Bereichsleitung gleich mehrere Herausforderungen zugleich. Zum einen steht das Unternehmen unter starkem Kostendruck seitens der Mobilfunkkonkurrenz im Land. Daher müssen laut Zielvereinbarung für den Bereich erneut Menschen entlassen werden, und zwar genau 700. Zudem ist der Bereich insgesamt in seinen Prozessen noch nicht optimal auf die Kunden ausgerichtet, sondern eher nach technischen Eigenlogiken. Die Unternehmenskultur hat durchaus noch etliche hierarchische Züge des ehemaligen Staatsunternehmens.

Die Bereichsleitung steht vor der zentralen Aufgabe, den Veränderungsprozess so zu gestalten, dass die fachliche Prozessoptimierung parallel mit dem Personalabbau verläuft, ohne dass die Kunden dadurch beeinträchtigt werden. Außerdem ist es ein großes Anliegen, dass sich die verbleibenden Mitarbeiter auch weiterhin hoch motiviert in die Umsetzung der Prozessoptimierung einbringen – es soll also quasi eine Operation am offenen Herzen der Organisation stattfinden.

Wir sind der Organisation von der Begleitung des gesamten Topführungskräfteentwicklungsprogramms her bekannt – bei dem wir im letzten Modul die Bereiche Change-Management und Veränderungsarchitekturen zum Thema hatten.

Zunächst ist die Anfrage nicht ganz klar. Der präsumtive Kunde möchte Unterstützung bei der Umsetzung einer Prozessoptimierung. Sollte das ein Fachcoaching sein, eine gesamthafte Prozessbegleitung, eine punktuelle Reflexion oder eine Fachexpertise?

Wir treffen uns also mit dem potenziellen Auftraggeber und seinem Management-Team am Standort in Bratislava.

2.2.2 Intervention und Auswirkung

In unserer ersten Systemdiagnose – nach Interviews mit der Bereichsleitung, dem Management-Team (bestehend aus zwei Deutschen und zwei Slowaken) und einigen ausgewählten Mitarbeitern – erkennen wir, dass die Bereichsleitung mit Energie und Leidenschaft bereits eine Gruppe »Junger Wilder« installiert hat. Es ist dies eine bunte Mischung von Mitarbeitern (jung/alt, neu/lang im Unternehmen, aus allen Bereichen), die mit großem Engagement die bestehenden Prozesse reflektieren, infrage stellen und Veränderungsmöglichkeiten überdenken – nach dem Motto: Wenn wir könnten, wie wir wollten! Gleichwohl kann zu diesem Zeitpunkt niemand im Management-Team konkret sagen, warum und vor allem mit welchem Ziel oder aufgrund welcher Vision diese noch singuläre Aktivität stattfindet. Folglich gibt es auch keinerlei Vorstellung bezüglich einer strukturierten Kommunikation in den Bereich hinein.

Der Fokus der Bereichsleitung liegt klar auf der technischen Machbarkeit. Die Bereichsleitung ist fasziniert von Prozessoptimierungen und deren ökonomischen Effizienzsteigerungspotenzialen. Der Personalabbauprozess wird davon (emotional) abgespalten und nur nachrangig wahrgenommen – die möglichen Konsequenzen für die verbleibenden Mitarbeiter sind noch nicht absehbar. Alle Abteilungsleiter betrachten die Prozessoptimierung als Teil ihres Pflichtenkanons, ebenso den Personalabbau. Die Gesamtverantwortung für Letzteren wird bei Human Resources verortet. Es gibt kein bereichsübergreifendes Projekt mit entsprechenden Strukturen und Verantwortlichkeiten. Die Mitarbeiter sind misstrauisch, sie ahnen, dass das eine etwas mit dem anderen zu tun hat, und fühlen sich abgehängt.

Es bedarf einiger gemeinsamer Gespräche, um die Ziele des angestrebten Veränderungsprozesses sowie die Rolle der Berater zu klären. Darf der bereits vom Umfang her fixierte Abbau von 700 Personen Ziel eines solchen Veränderungsprozesses sein? Würde dies nicht die gesamte Organisation vor den Kopf stoßen und die verbleibenden Mitarbeiter demotivieren? Die Bereichsleitung und das Management-Team möchten die Veränderung eigenverantwortlich vorantreiben. Sollen wir erst aktiv werden, wenn etwas nicht funktioniert – quasi als Feuerwehr? Sollen wir Fachinput geben – oder werden wir als Architekten des Change-Prozesses engagiert und sollen das Management dabei unterstützen, eine Struktur zu finden, die es ermöglicht, die für die Veränderung erforderlichen Räume zu schaffen?

Die Ziele des Veränderungsprozesses

In einer Sitzung mit dem Management-Team werden die Ziele schließlich klar definiert:

- Der Personalabbau von 700 Personen findet innerhalb eines Jahres statt – er erfolgt fair und transparent.
- Er dient der bestmöglichen Optimierung des Bereichs, der sich in seinen Prozessen wegweisend und zukunftsorientiert aufstellt und damit die Überlebensfähigkeit des gesamten Unternehmens garantiert.
- Weder der Personalabbau noch die Prozessoptimierung haben irgendwelche negativen Auswirkungen auf die Kunden – diese werden vom Veränderungsprozess nicht tangiert, erleben aber danach reibungslose Abläufe.
- Die Bereichsstrategie ist definiert, bei allen Führungskräften verankert und wird gelebt.
- Die Mitarbeiter sind trotz der Belastungen motiviert und fühlen sich in der heiklen Situation gut informiert.

Dieser Schritt ist von zentraler Bedeutung: Er ermöglicht es, die unterschiedlichen Ziele miteinander zu verzahnen und gemeinsam zu bearbeiten.

Bleibt unsere Rolle zu klären. Hier herrscht noch einige Wochen Unsicherheit. Erst als wir mit einer analogen Geschichte, in der Feuerwehrmänner und Architekten vorkommen, intervenieren, kommt prompt die Reaktion: Wir wollen euch als Architekten und Begleiter des Prozesses, nicht als Feuerwehrmänner! Für diese Aufgabe sollte die Zusammensetzung des Beratertandems – die Soziologin/der Ingenieur und ehemalige Manager – gut gewählt sein.

Die Veränderungsarchitektur

Das Erstellen der Veränderungsarchitektur erweist sich als die bedeutsamste Intervention überhaupt. Sie bietet dem Management-Team klare Orientierung, ermöglicht Steuerung und die nachhaltige Umsetzung der einzelnen Veränderungselemente sowie eine transparente Kommunikation dessen, was passiert. Sie verstetigt somit die Vorhersehbarkeit des Prozesses und schafft Vertrauen.

Die Architektur des Prozessoptimierungsprojekts umfasst in Kombination sowohl »harte Fakten«, indem technische und strukturelle Themen neu überdacht und definiert werden, als auch »weiche Faktoren« wie Kommunikation, Einbindung von Mitarbeitern und emotionalen Themen, wozu auch die strategische Orientierung und Ausrichtung und damit die Hoffnung auf eine erfolgreiche Zukunft gehören. Die gesamte Architektur wird sozusagen rund um das Fachthema »Prozessoptimierung« geplant und soll einen reibungslosen und den Kunden nicht beeinträchtigenden Ablauf des Optimierungsprozesses gewährleisten.

Es werden Räume gestaltet, in denen das gesamte System und seine Teilsysteme Veränderungen gestalten und leben können: das Management-Team für sich selbst und in seiner steuernden Funktion, das Teilsystem der mittleren Führungsebene, das System des Bereichs. Die Architektur umfasst dementsprechend die folgenden Prozessschritte bzw. -elemente.

→ Element 1: Teamentwicklung
mit dem interkulturellen Management-Team

Element 1 ist zunächst eine klassische Teamentwicklung: Es entsteht das vierköpfige interkulturelle Management-Team der Direktoren, die sehr unterschiedliche Persönlichkeitsstrukturen aufweisen. Gemeinsam bauen sie ihr »Bereichshaus«, nämlich eine Holzhütte (die übrigens immer noch steht!).

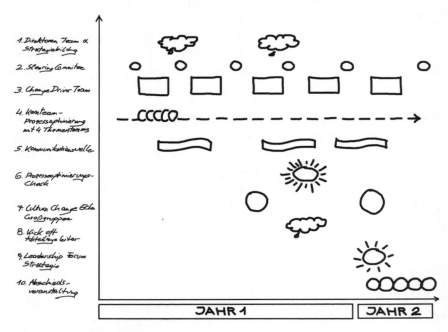

Abb. 5: Elemente der Change-Architektur

Hier geht es um die Zusammenführung individueller Arbeitsstile und Eigenschaften, um Feedback und gegenseitige Anerkennung. Eine gemeinsame
Sprache und gegenseitiges Vertrauen müssen gefunden werden, will man vor
der Mannschaft geschlossen auftreten. Im zweiten Team-Workshop wird bereits das Thema **Strategie** behandelt (»Wo wollen wir hin mit dem Bereich?«)
– eine passende Fortsetzung, denn nun steht hier ein Management-Team mit
einheitlicher Ausrichtung.

→ Element 2: Steering Committee
Element 2 setzt auf Element 1 auf. Das Management-Team bildet gemeinsam
mit dem Projektleiter auch das Steering Committee des gemeinsamen Prozesses. Es trifft sich nun einmal im Monat jeweils vor der Zusammenkunft des

sogenannten Change-Driver-Teams mit uns und reflektiert und steuert den Gesamtprozess. Zwei Mitglieder des Management-Teams, darunter der Bereichsleiter, sind permanent im Change-Driver-Team vertreten.

➜ Element 3: Change-Driver-Team

Element 3 ist das Change-Driver-Team. Eine heterogene Mischung aus Führungskräften, Teamleitern und Mitarbeitern aus allen Regionen der Slowakei gibt hier Feedback, diskutiert Architekturelemente sowie den Gesamtprozess und reflektiert Fachergebnisse, aber auch Kommunikationsstrategien. Zunächst sind entgegen unserem Rat nur Abteilungs- und Teamleiter hier vertreten. Im Verlauf des dritten Treffens stellt sich heraus, dass auf diese Weise keine kontinuierliche Entwicklung zustande kommt und zu wenig Meinungsvielfalt herrscht. Das Steering Committee steuert nach, das Team wird neu gemischt, und erst dann beginnt die Erfolgsgeschichte einer ursprünglich hierarchisch denkenden Organisation, die sich langsam in Richtung einer von engagierten Mitarbeitern entwickelten, selbstverantwortlichen Organisation bewegt. Führungskräfte und Mitarbeiter beginnen, im Dialog miteinander, den Veränderungsprozess selbst in die Hand zu nehmen, ihn gemeinsam zu reflektieren und zu steuern.

➜ Element 4: Kernteam

Element 4, das Kernteam, stellt das eigentliche technisch-prozessoptimierende Herzstück dar. Es ist klassisch als technisches Projekt mit nun professionellem Projektmanager aufgebaut, trifft sich wöchentlich und integriert und dokumentiert alle Ergebnisse der fünf Fachgruppen. Es ist durch den Projektleiter im Change-Driver-Team vertreten, der hier berichtet und auch Feedback einholt. Der Bereichsleiter steht in engstem Kontakt zum Kernteam.

➜ Element 5: Kommunikationswelle

Element 5 ist die Kommunikationswelle. Diese stellt das erste sicht- und spürbare Moment der neuen Kultur und Haltung des Managements dar. Das Management-Team macht gemeinsam eine Reise in alle Regionen der Slowakei und berichtet vor Ort in freiwilligen Mitarbeiterversammlungen über die Strategie, die Notwendigkeit der Prozessoptimierung und den bedauerlichen Personalabbau. Der Bereichsleiter erweist sich als extrem guter und authentischer Kommunikator, die Mitarbeiter vertrauen ihm und seinen Kollegen. Sie können Fragen stellen und bekommen Antworten. Die »Welle« wird ohne unser Beisein noch zweimal erfolgreich wiederholt.

→ Element 6: Prozessoptimierungs-Check

Element 6, der Prozessoptimierungs-Check, dient der Risikominimierung. In einer Großgruppenveranstaltung werden die Fachinputs miteinander in Beziehung gesetzt, die Schnittstellen geprüft und der prozessuale Feinschliff gemacht (siehe Element 7). Wir müssen lange darum kämpfen, diese Intervention, die zunächst wegen der vielen Teilnehmer als nicht durchführbar angesehen wird, durchzusetzen.

→ Element 7: Großgruppenveranstaltungen (»Echo«)

Element 7 sind Großgruppenveranstaltungen (hier mit etwa 100 Teilnehmern). Mitarbeiter und Teamleiter werden zusammengebracht, um Resonanz auf die erfolgten Veränderungen (hier Echo genannt) zu geben. Dies ist im hierarchischen Gefüge der ehemals staatlichen Organisation ein wichtiger Schritt, dialogische Kommunikation einzuführen und zu üben sowie Hinweise bezüglich des Prozessverlaufs zu bekommen. Die Mitarbeiter sind vom Format sehr angetan und betrachten sich quasi als Botschafter, die ihre Überzeugung in die Organisation hineintragen.

→ Element 8: Kick-off-Workshops für Abteilungsleiter

Element 8 sind Kick-off-Workshops für die Abteilungsleiter. Sie werden durchgeführt, nachdem sich alle hierarchischen Ebenen neu bewerben mussten. Damit ist eine neue Führungsmannschaft installiert, die sehr froh ist, diese Position innezuhaben, aber zum Teil mit der Art und Weise des Change-Prozesses noch nicht viel anfangen kann.

→ Element 9: Großgruppenveranstaltung für Führungskräfte

Element 9 ist eine interaktive Großgruppenveranstaltung für alle Führungskräfte, Abteilungs- wie Teamleiter, die sich dialogisch mit der Strategie des Bereichs auseinandersetzen und die Implikationen für sich und ihre Mitarbeiter erarbeiten. Die Schubkraft, die die Führungsmannschaft entwickelt, wird genutzt und fließt in ein jährliches Führungsforum ein.

➔ Element 10: Abschiedsveranstaltungen

Element 10 ist im Lauf der Arbeit im Change-Team entstanden. Wir werden nicht müde, auf die Bedeutung der das Unternehmen verlassenden Mitarbeiter hinzuweisen. Das löst eine Welle der Empathie aus, und schließlich werden mehrere sehr erfolgreiche und anrührende Abschiedsveranstaltungen abgehalten. Der Effekt auf die »Bleibenden« ist extrem positiv. Wie wir aus Erfahrung wissen, stellt Wertschätzung den wichtigsten Impuls zur Solidarisierung dar.

Auf zwei der oben angeführten Elemente möchten wir in weiterer Folge näher eingehen.

Das Change-Driver-Team und das Kernteam – in Personalunion geführt

Man kann natürlich fragen, was an einer Gruppe von Mitarbeitern, die steuernde Funktionen übernehmen, wie hier das Change-Driver-Team und das Kernteam, komplementär sein soll – ist dies doch der Klassiker unter den systemischen Change-Interventionen. In unserem Beispiel wird eine komplementär gesehen wichtige Brücke gebaut: Einerseits ist da die zentrale Intervention, nämlich den Fachthemen endlich eine richtige Projektstruktur zu geben, mit einem Kernteam und einem Projektleiter, der mit den üblichen technischen Projektmanagement-Tools minutiös die technischen Projektziele verfolgt. Andererseits ist der Projektleiter zugleich auch verantwortlich für das Change-Driver-Team. Für ihn ist dies völliges Neuland, und das verunsichert ihn auch. Doch er merkt schnell, dass die von ihm eingebrachten Fachthemen im Team höchst positive Resonanz finden. Auch stellt er fest, dass im Change-Driver-Team der Boden dafür bereitet wird, dass die Fachthemen in ihrer Umsetzung bei den Mitarbeitern Akzeptanz finden. Dass der Projektleiter zwei so wichtige Funktionen in Personalunion vereinigt, stellt sich als extrem griffige Intervention heraus.

Im Change-Driver-Team mit dem nun hohen Mitarbeiteranteil wird klar, dass das Hauptinteresse den Themen Kommunikation, Personalabbau und Führungsstellenbesetzung gilt. Immer wieder berichten Mitarbeiter, dass Kollegen sich nicht genügend informiert fühlten und verunsichert seien. Es gehen wilde Gerüchte um, dass der »Nasenfaktor« in der Stellenbesetzung nach wie vor eine große Rolle spiele. Dem kann im Rahmen der Kommunikationswellen schnell entgegengewirkt werden. Die HR-Abteilung ist ebenfalls im Change-Driver-Team vertreten und räumt mit den Fantasien auf: Assessment-Verfahren werden begründet. Es wird klar, dass die Einstellung gegenüber der Prozessoptimierung und die Motivation, an dieser mitzuwirken, eng mit der Transparenz des Modus der Stellenbesetzungen zusammenhängen. Jedes Architekturelement wird intensiv besprochen und gemeinsam geplant. Die technische Machbarkeit ist also eng verwoben mit der Glaubwürdigkeit des Managements und der Transparenz des Veränderungsprojekts. Immer wieder stellen Mitarbeiter fest, sie hätten sich noch nie so ernst genommen gefühlt wie in diesem Projekt.

Der Prozessoptimierungs-Check

Dieses Architekturelement (im vorliegenden Fall Puzzle-Workshop genannt) ist ein sehr gutes Beispiel für die komplementäre Arbeitsweise. Hier geht es um Risikoabschätzung und eventuelle Nachjustierung der optimierten Kernprozesse. Eingeladen werden alle Abteilungs- und Teamleiter aus allen Regionen der Slowakei. Viele von ihnen waren bisher noch kaum in die Diskussionen um die Optimierung der Kernprozesse eingebunden. Die Großgruppe besteht aus etwa 100 Personen, aufgeteilt auf zehn Stuhlkreise zu je zehn Personen, bunt gemischt hinsichtlich Abteilung, Region, Alter und Geschlecht. Schon die Sitzordnung stellt wieder einen Musterbruch dar.

Der erste Teil des eintägigen Workshops besteht aus der Begrüßung und dem Warm-up in den Stuhlkreisen sowie einer kurzen Bedarfsabfrage für den Tag. Sodann liefert eine der Fachgruppenleiterinnen einen Überblick über die fünf zu optimierenden Kernprozesse und die damit zusammenhängenden Herausforderungen bezüglich des Schnittstellenmanagements und der Gesamtintegration in die Unternehmensprozesse sowie über die zentrale Rolle der Teams in der Umsetzung. Dann stellen sogenannte Prozess-Master in Kurzpräsentationen vier optimierte Kernprozesse vor. Dazwischen gibt es jeweils ein kurzes Feedback aus den Stuhlkreisen: Was passt, was scheint zu fehlen? Eine schnelle Art der Prozessanalyse…

In der folgenden Pause wird das Setting gewechselt. Es geht nun um den zentralen Kernprozess Business-Kunden-Lösungen, der auf seine Störanfälligkeit geprüft werden soll, da man hier keinerlei Risiko eingehen will. An einer quer durch den Raum gespannten Wäscheleine werden Zettel, auf denen jeweils ein neu definiertes Prozesskettenelement notiert ist, mit Wäscheklammern befestigt. Danach gehen die Berater mit dem Prozess-Master von Zettel zu Zettel, und dieser liefert zu jedem Element eine Kurzbeschreibung. Anschließend werden den Elementen Freiwillige zugeordnet, das heißt, die Großgruppe teilt sich neu auf, und zwar in Prozesselementegruppen und in eine Beobachtergruppe. Die Prozesselementegruppen, die im Prozessverlauf wechselweise Informationen aneinander weitergeben sollen, müssen nun überlegen: Was benötigt der empfangende Schnittstellenpartner von uns? Woran wird dieser messen, ob das, was wir ihm weitergeleitet haben, zufriedenstellend ist? Was wiederum benötigen wir von ihm? In dieser zentralen Sequenz stellt sich heraus, dass ein Prozesselement in diesem Kernprozess noch fehlt.

Nach der Mittagspause gruppiert sich die Großgruppe um, diesmal nach Abteilungen. In einem lebhaften interaktiven Prozess sucht sich jede Abteilung die für sie relevanten Prozesspartner, um den Kernprozess bestmöglich realisieren zu können. Abteilungsübergreifende Verhandlungstandems werden eingerichtet, die miteinander Vereinbarungen treffen, wie sie im Alltag nach dem »Umschalten« der Prozesskette einen Monat später miteinander arbeiten wollen. Diese Vereinbarungen werden auf Flipcharts notiert und veröffentlicht.

Zum Abschluss erfolgt in den Abteilungsgruppen noch eine Risikosammlung und -abschätzung, die dem Prozess-Master zur Verfügung gestellt wird. Am Ende des Tages stellen die Führungskräfte erschöpft, aber hochzufrieden fest, dass sie eine derart interaktive Befassung mit einem Businessthema noch nie erlebt hätten. Und: Ein fehlendes Prozesskettenelement hätte den neuen Prozess um ein Haar in der Praxis scheitern lassen!

2.2.3 Was sagt der Kunde dazu?

Thomas Bogdain, CTO Slovak Telekom, zieht ein Resümee:

»Am Anfang stand nur der Abbau von 700 Mitarbeitern (von insgesamt 2 500) im Raum, und ich hatte keine Ahnung, wie das vonstattengehen könnte. Mir war bereits in der ersten Diskussion mit meinen Managern klar, dass dies ohne kompetente externe Hilfe nicht zu stemmen sein würde. Intern war keinerlei Erfahrung hinsichtlich derartiger Vorhaben vorhanden. Dass diese Reduktion ohne begleitende effizienzstei-

gernde Maßnahmen (z. B. Automatisierung oder Produktreduzierung) einhergehen sollte und dass mir als Deutschem die Mentalität des Landes nicht wirklich vertraut war, machte die Sache zusätzlich kompliziert. Als Techniker bin ich ja nicht unbedingt in Change-Management bewandert und gegenüber diesen »soft tools« eher skeptisch. Die bisherige Firmenkultur war sehr stark hierarchisch geprägt, sehr befehls- und weniger verhandlungsbezogen, es herrschte eher Verschlossenheit als offene Diskussionsbereitschaft.

Andererseits hatte ich selbst schon viele berufliche Veränderungen erfahren und wusste, dass die Mitarbeiter nur dann für einen Plan zu gewinnen sind, wenn die Lage immer transparent ist, die Kommunikation möglichst unmittelbar und ausführlich erfolgt und man Gerüchten rechtzeitig Paroli bietet. Da gibt es wohl kaum kulturelle Unterschiede. Ich brauchte als Resultat des Change-Prozesses motivierte Mitarbeiter, die diese Veränderung als ihr Kind betrachteten. Und übrigens musste ja auch das Geschäft reibungslos weiterlaufen. Es war also eine ›Operation am offenen Herzen‹ vonnöten.

In diesem Sammelsurium von Gegebenheiten war es nicht einfach, eine Richtung zu finden und die Rolle der Berater zu definieren. Der schon erwähnte Brandbrief (›Wollen Sie eine Feuerwehr oder Architekten?‹) gab dann den überzeugenden, richtungsweisenden Impuls – der Wink war verstanden.

Die Gestaltungsweise der verschiedenen Module und die Vielschichtigkeit des Ansatzes waren letztendlich die Schlüssel zum Erfolg. Wichtig war vor allem, dass Klarheit bezüglich der Struktur des Projekts – und der jeweiligen Verantwortung in diesem – bestand. Die Kommunikationsmodule auf verschiedenen Ebenen, der Einsatz der Schlüsselpersonen und Meinungsbildner im Echo-Team und die transparente Vorgehensweise bei der Auswahl der Führungskräfte und Mitarbeiter waren entscheidende Erfolgsfaktoren.

Seither gingen weitere radikale Veränderungen in der Organisation vonstatten. Ein Anker war stets die damals eingeführte und immer noch gelebte Change-Kultur, die nahezu automatisch bei allen weiteren Veränderungen zum Tragen kam. Die ›Kommunikationswellen‹ werden in der gesamten Netzsparte und im IT-Bereich auch weiterhin durchgeführt, und das ›Führungsforum‹ wurde ebenfalls zu einem als selbstverständlich betrachteten Element des Unternehmensalltags.«

2.2.4 Was haben wir daraus gelernt?

Rückblickend gab es einige Faktoren, die dieses Komplementärberatungsprojekt zum Erfolg werden ließen – übrigens verbrieft, denn der Bereich erhielt einen firmeninternen Preis für das erfolgreichste Veränderungsprojekt. Aus unserer Sicht waren die folgenden Faktoren erfolgsentscheidend.

- **Rollenklärung**: Erst bei unserem dritten Besuch in Bratislava wurden die Ziele eines möglichen Beratungsprozesses klar, aber immer noch nicht die Rolle, die wir spielen sollten. Es bedurfte eines Dialogs im Management-Team und schließlich unserer Risikobereitschaft, die entscheidende Frage zu stellen: Feuerwehr oder Architekten? Aus unserer Sicht haben erst die Assoziationen zu diesen beiden Begriffen dem Kundensystem klar gemacht, was es wirklich wollte.
- **Offene Einstellung des Auftraggebers:** Der Auftraggeber war davon überzeugt, dass diese Prozessoptimierung notwendig ist und es sich lohnt, solch einen Prozess beraterisch begleiten zu lassen. Seine Unsicherheit bezüglich der Art und Weise der Umsetzung war für ihn Grund genug, mit einer sehr offenen Einstellung an den zentralen Veranstaltungen ganz selbstverständlich teilzunehmen. Somit verkörperte er im wahrsten Sinne des Wortes seine Intention: »Das Projekt ist mir wichtig! Es wird durchgezogen, und ich will, dass wir es gemeinsam durchziehen – auf der fachlichen wie auf der Prozessebene.« Sein Talent, unverstellt, offen und klar zu kommunizieren, war dabei sehr hilfreich.
- **Teamentwicklung im Topmanagement-Team:** Das Topmanagement-Team war bereit, mit einer eigenen Teamentwicklung zu beginnen und auch darüber zu berichten. Das war mutig, denn nicht alle vier wussten, worauf sie sich einließen. Doch somit bestand kein Zweifel, dass sie alle an einem Strang zogen – sie fanden gemeinsame Bilder und die entsprechenden Worte, um vor der Mannschaft gemeinschaftlich auftreten und ihre Strategie überzeugend vertreten zu können. Der Change-Prozess ist ihre Führungsaufgabe.
- **Kulturreflexion mit dem Kundensystem:** Es bedurfte einiger Schleifen, ehe die Change-Architektur akzeptiert wurde. Wir wollten eine möglichst profunde Systemdiagnose erstellen, der Kunde wollte dies aus Kosten- und Zeitgründen nicht. Wir lernten daraus, dass eine intensiv und

kontinuierlich erfolgende Kulturreflexion mit dem Kundensystem (Steering Committee und Change-Driver-Team) einen ähnlichen Selbstreflexionsprozess bewirkt wie die Rückspiegelung der Systemdiagnose. Die Architekturelemente griffen stimmig ineinander und führten dazu, dass Informationen an die richtige Adresse gelangten, Mitarbeiter und Führungskräfte den Dialog miteinander aufnahmen und Letztere in ihre Verantwortung traten. Fachkräfte stellten sich dem sozialen Prozess, und dieser ist das Vehikel zur Erreichung der fachlichen Ziele.

- **Zeitdruck:** Ja, wir hätten gewünscht, das Projekt ginge noch weiter, aber faktisch waren nach zehn Monaten die Ziele des Change-Projekts erreicht. Zehn Monate der Hochspannung, ob ab »Scharfschaltung« der neuen Prozesse und Abbau der 700 Personen die Kunden Sturm laufen würden, hatten ihr Gutes, denn somit stand das Ziel allen stets klar vor Augen. Das bedeutete zwar enormen Druck – auch für uns –, setzte aber auch Energie und Dynamik frei.

- **Zusammensetzung des Change-Teams:** Das Change-Driver-Team wurde entgegen unseren Kriterien hierarchisch zusammengesetzt, weshalb sich die ersten Treffen zäh gestalteten. Bei den Führungskräften herrschte Zeitdruck, und sie zweifelten an der Sinnhaftigkeit dieser offenen Runden. Offen über Belange der Veränderung zu diskutieren und Probleme beim Namen zu nennen, war anfangs sehr schwierig. Weit einfacher und daher üblicher war da die Selbstdarstellung der Teilnehmer als »Problemlöser«. Außerdem wurden diejenigen, die nicht fließend Englisch sprachen, von den »Könnern« überrannt. Wir hatten arge Zweifel, ob es wohl gelingen würde, ein effizientes Change-Team zu installieren. Der Knoten löste sich erst, als diese Ungewissheit im Steering Committee thematisiert wurde und der Bereichsleiter auf unsere Intervention hin die Entscheidung traf, die Zusammensetzung des Change-Teams erneut zu überdenken. Nun konnten sich auch andere Mitarbeiter (nicht nur Führungskräfte) bewerben und ihre Motive dafür darlegen. Mit einem Mal gab es lebhafte Diskussionen und ehrliche Auseinandersetzungen. Das Englisch wurde nicht besser, aber man hörte einander geduldiger zu, und das brachte eine neue Qualität des Dialogs.

- **Entschärfung latenter Konkurrenz:** Ein Mitglied des Management-Teams stand in latenter Konkurrenz zu uns. Er hinterfragte zunächst alles und schien sich als besserer Change-Experte zu sehen. Das verzögerte Entscheidungen und verursachte oft extrem lange Diskussionen. Erst nach mehrfacher achtsamer gemeinsamer Reflexion mit ihm wuchs sein Vertrauen in uns.

2.3   Fachliche Vorschläge

Auch das sind Interventionen

Marion Perger

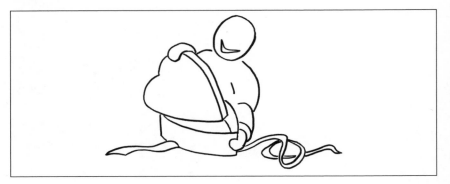

2.3.1 Situation und Anforderung

Hier soll anhand eines Beispiels deutlich gemacht werden, dass man als Komplementärberater nun nicht einfach den fachlichen Input mit dem systemischen kombinieren kann – das wäre zu riskant und auch ein additives statt eines integrativen Vorgehens. Vielmehr müssen fachliche Interventionen hypothesengeleitet eingesetzt werden.

Komplementär zu beraten bedeutet, über das »Oszillieren zwischen Sachlogik, Deblockierungsarbeit und Reflexion (...)« hinaus (Königswieser/Hillebrand, 2006) bereit zu sein, dem Kunden expressis verbis mitzuteilen, welche Änderungen, Handlungen, Entscheidungen hinsichtlich seiner Zielsetzung effektiver wären als das bisherige Vorgehen. Dies wird im Folgenden als **fachliche Intervention** bezeichnet – im Unterschied zur **fachlichen Positionierung**, bei der der Berater sich fachlich zu einem Sachverhalt äußert, ohne jedoch diesbezüglich eine bestimmte Empfehlung abzugeben.

Komplementärberater erfüllen mithilfe fachlicher Positionierung und fachlicher Intervention berechtigte Erwartungen der Kunden, stellen Wissen und

Erfahrungen zur Verfügung und sind in der Lage, schneller zu handeln, indem sie dafür ausschlaggebende Momente identifizieren und nutzen – und zwar kompensatorisch. Das bedeutet, dass sie im Gegensatz zu reinen Fachberatern nicht einfach nur feststellen, was aus ihrer Sicht zu tun sei, sondern Hypothesen bezüglich der latenten Muster der Organisation haben und insbesondere auch die folgenden Fragen beantworten und die Interventionen darauf abstimmen können:

1. Ist der richtige Zeitpunkt gegeben? – »Sind sie schon so weit?«
2. Welche Funktionalität hat das bisherige Unterlassen der Veränderung? – »Warum wird das nicht schon längst gemacht?«
3. Welche Folgen hat die Intervention auf die Berater-Kunden-Beziehung?

Fallbeispiel Chemiekonzern

Ein Fall soll dies illustrieren: Ein Leitungsteam von acht Personen ist verantwortlich für einen 450 Mitarbeiter umfassenden Produktionsstandort eines Chemiekonzerns.

Das Team hat einen Site-Leader – er ist unser Auftraggeber –, der keine disziplinarische Funktion gegenüber den anderen hat. Alle Mitglieder des Teams sind in einer Matrix organisiert und berichten jeweils an unterschiedliche Vorgesetzte.

Zwei Kollegen des Site-Leaders sind hoch motiviert und engagiert, da ihre originäre Linienaufgabe mit dem Teamziel, den Standort erfolgreich zu machen, eng verknüpft ist. Der Rest der Gruppe will einfach nicht so richtig mitziehen. Der Leiter wird als Einziger bezüglich seiner Zielvereinbarungen anhand des Erfolgs des Site-Leitungsteams beurteilt. Er muss also unter Peers Überzeugungsarbeit leisten, ohne Sanktions- oder Belohnungsmöglichkeiten zu haben. Hinzu kommt ein klassischer Linie-Projekt-Konflikt: Die internationalen Vorgesetzten der Teammitglieder haben ausschließlich Interesse an den Bilanzen der jeweiligen Business-Unit – und nicht am Gesamterfolg des regionalen Standorts.

Wir bekommen den Auftrag, im ersten Schritt einen Team- und Strategieworkshop durchzuführen. Wir arbeiten in einem gemischtgeschlechtlich zusammengesetzten Staff und kombinieren in komplementärer Art und Weise Fachberatung mit Prozess-Know-how.

Zunächst führen wir mit allen Teammitgliedern Einzelinterviews durch, um jeweils ihre Sicht der aktuellen Situation und ihre Erwartungen zu erheben.

Außer den drei schon erwähnten Teammitgliedern reagieren alle in Bezug auf die Sinnhaftigkeit des Workshops mit Skepsis: »Zwei Tage? Was sollen wir um Himmels willen zwei ganze Tage an diesem Thema arbeiten?« Es wird deutlich, dass ein sehr technokratisches Verständnis von Teamentwicklung vorherrscht.

Der Abschied vom absichtslosen Engagement …

Das zentrale Thema ist jedoch ein anderes: Es stellt sich heraus, dass es innerhalb des Leitungsteams völlig unterschiedliche Levels an Involviertheit und Commitment zum Team gibt. Das ist für den Erfolg nicht funktional, da die drei Mitglieder, die am meisten leisten – der Produktionschef, der Leiter HR und der Site-Leader –, dadurch von den anderen gebremst werden. Gleichzeitig besteht offensichtlich insbesondere bei den weniger Involvierten ein unausgesprochenes Interesse daran, den Status quo aufrechtzuerhalten. Da ja der Leiter nicht disziplinarisch vorgesetzt und somit auf den guten Willen der anderen angewiesen ist, zögert er, eine offizielle Unterstruktur in Gestalt eines »Inner Circles« einzuziehen – was die Arbeits- und Entscheidungsfähigkeit der drei stärker Involvierten sicherstellen und auch der bereits gelebten Praxis entsprechen würde. Auch betriebswirtschaftlich betrachtet wäre dies von Relevanz, da die drei genannten Führungskräfte direkt für den Standort verantwortlich sind.

Das System zeigt ausgeprägt politische Züge: viel Matrix, nur wenige Ebenen, man taktiert, versucht auszuloten, wer wann in welchem Forum welche Machtposition innehat.

Wir wählen hier im Rahmen der Interviewphase ein iteratives Vorgehen. Das bedeutet, dass wir die späteren Interviewpartner – insbesondere den Auftraggeber – mit den ersten Eindrücken und vorläufigen Hypothesen konfrontieren und auf dieser Basis in die Festlegung der Stoßrichtungen und des daraus abzuleitenden Grobdesigns mit einbeziehen.

Vor dem Gespräch mit dem Leiter tauschen wir im Staff unsere Eindrücke aus, um Hypothesen zu bilden und Interventionsstoßrichtungen zu definieren, und kommen zu dem Schluss, dass unbedingt die oben erwähnte Unterstruktur ins Team eingezogen werden müsse.

Wir beraten, wie direktiv wir diese Idee an den Leiter herantragen können – ob es professionell sei, ihm expressis verbis anzuraten, einen sogenannten Inner Circle zu etablieren. Eine Tendenz dazu war auch in den Interviews der anderen beiden stark involvierten Teammitglieder deutlich spürbar. Wir entscheiden uns dafür, dem Kunden diese unsere fachberaterische Sichtweise nicht vorzuenthalten, da wir andernfalls permanent gegen fehlende Strukturen und mangelnde Klarheit anarbeiten müssten.

Wir beschließen, das Gespräch mit dem Leiter zu gliedern: ihm zunächst unsere ersten Eindrücke mitzuteilen, dann einen Interviewteil anzuschließen und schließlich im Berater-Kunden-System (BKS) gemeinsam Stoßrichtungen und Grobdesigns zu überlegen.

Wir ernten 90 Prozent Zustimmung zu unseren vorläufigen zentralen Hypothesen und, wie wir das von den meisten Beratungsprojekten kennen, eine Mischung aus Berührtheit, Sich-verstanden-Fühlen, Vertrauen und ein wenig Aufgewühltsein.

Nachdem wir vom Leiter im Interviewteil eine Steilvorlage bezüglich der Unterstruktur erhalten haben – er äußert explizit die Idee, eine solche einzuführen! –, wagen wir einen Vorstoß und raten ihm, sich diesbezüglich noch vor dem Workshop mit dem Produktionschef und dem HR-Head abzustimmen und die Einführung der Unterstruktur auf dem Workshop zu verkünden.

Das ist der Abschied vom »absichtslosen Engagement«. Wir als Berater haben eine Meinung, eine Position und eine Absicht. Wir sind am Ende der Interviewphase der Ansicht, dass hier strukturell Erhebliches im Argen liegt und teilen dem Kunden mit, wie dies am besten zu ändern sei. Mit anderen Worten: Wir setzen eine massive fachliche Intervention! Und die beinhaltet genau das, was der Leiter sich schon seit Langem überlegt hat, wie er uns mitteilt. Er nimmt unseren Vorschlag ohne Vorbehalte auf und notiert unsere Anweisungen. Es schlägt uns große Dankbarkeit entgegen, es gibt weder Zweifel noch Bedenken. Wir sind verblüfft. So einfach ist das also? Warum haben wir uns das all die Jahre so schwer gemacht? Wie schön ist doch das komplementäre Arbeiten! Endlich dürfen wir sagen, was wir denken, und zeigen, was wir alles besser wissen und dass wir den Durchblick haben!

... und die Folgen für die Beziehungsebene

Aber was ist da plötzlich auf der Beziehungsebene passiert? Wir sind mit der direktiven Intervention sehr nah an das System herangerückt und erhalten entsprechende Zuschreibungen. Wie sich später erweist, ist unser Vorschlag inhaltlich richtig und trifft auch beim Leiter auf emotionale und kognitive Zustimmung, wohingegen auf der Gruppenebene – mit wenigen Ausnahmen – die neue Struktur zunächst noch als Fremdkörper empfunden wird. Zu diesem Zeitpunkt wissen wir das aber noch nicht.

In den Workshop steigen wir mit der Rückspiegelung der zusammengefassten Vorgespräche – inklusive der Erwartungen bzw. Befürchtungen bezüglich des Workshops – ein. Wir zeigen Sonnen- bzw. Schattenseitenseiten auf und unterbreiten unsere Hypothese sowie die Empfehlung, über eine Unterstruktur nachzudenken.

Mithilfe systemischer Methoden wie der schon dargestellten Systemdiagnose und deren Rückspiegelung – oder anders formuliert: durch das Bewusstmachen latenter Problemzonen – können wir uns in tiefere Ebenen des Systems vorarbeiten. Dieses öffnet sich und sucht nun auf Basis der Erkenntnisse nach der kulturell, strukturell und strategisch passenden Lösung sowie nach reiferen Beziehungsformen.

Die Rückspiegelung, das Warm-up auf der Beziehungsebene, die intensive Feedback-Einheit, all das tut seine gewohnte Wirkung. Auch die Arbeit auf der Sachebene geht wunderbar voran.

In Wahrheit ist aber der ganze erste Tag verlaufen, ohne dass es gelungen wäre, das wirklich heikle Tabuthema zu besprechen, die wesentliche Differenz aufzuspüren und sichtbar zu machen: Die weniger Involvierten wollen nach außen hin den Anschein, es wären alle gleich, aufrechterhalten, aber nach innen wollen sie nicht gleich viel investieren wie die drei Hauptakteure. Eine neue Struktur würde diesen Sachverhalt aufdecken und entsprechende Blockaden und Konflikte hervorrufen.

Am nächsten Tag präsentiert der Leiter – ermutigt und getragen von der guten Stimmung am Vortag – erst den strategischen Rahmen und danach seine Vorstellungen bezüglich der Ziele und der Struktur des Teams, und zwar als Vorschlag und nicht als Ankündigung. Das ermöglicht es dem Team, den Vorschlag abzulehnen. Wir unterstützen ihn, so gut es geht, woraufhin wir negative Zuschreibungen ernten. Es werden große Gefahren skizziert, die im

Zusammenhang mit einem Inner Circle entstehen könnten. Der Begriff Inner Circle darf ab sofort gar nicht mehr gebraucht werden. Weder der Produktionschef noch der HR-Head unterstützen den Leiter, woraufhin dieser beteuert, das sei völlig in Ordnung – es bedürfe gar keiner Unterstruktur, es würde ausreichen, die Zeitkapazitäten jedes Einzelnen transparent zu machen.

Wir sind erstaunt – damit haben wir nicht gerechnet! Die Gruppe möchte dann an der Roadmap für das kommende Jahr und an einem verbindlichen Aktionsplan arbeiten und nicht »sinnlose Debatten« über das Strukturthema führen. Es zeigt sich jedoch, dass das Team jetzt nicht mehr arbeitsfähig ist. Die Positionen der Mitglieder verkeilen sich in einer Diskussion darüber, welches Vorgehen sinnvoller wäre. Die Gruppe scheint uns kaum noch zur Kenntnis zu nehmen und versucht in der nächsten Stunde, sachlich valide Ergebnisse zu erarbeiten. In der Abschlussrunde sind alle niedergeschmettert, zutiefst enttäuscht, unzufrieden und sich darin einig, dass diese Ergebnisse nicht tragfähig seien. Sie beurteilen den Workshop insgesamt als Misserfolg. Der Leiter ist von uns enttäuscht, hat er doch gedacht, wenn er nur alles befolgt, was wir ihm auftragen, dann werde schon alles gut werden.

Wir bieten an, nach einer Pause noch weitere zwei Stunden miteinander zu arbeiten, und zwar um zu reflektieren, was sich unter der Oberfläche auf der Beziehungsebene abgespielt haben könnte. Dafür wollen wir uns zur Verfügung stellen, nicht aber für das Weiterbearbeiten der Roadmap. Nach der Pause erscheinen alle vollzählig.

In der Zwischenzeit haben wir analysiert, was passiert ist, und entsprechende Hypothesen gebildet. Unsere zentrale Annahme besagt, dass sich die Tendenz der Blockierer durchgesetzt habe und nun der Inner Circle furchtbar wütend sei, insbesondere der Produktionschef. Dieser schiebt seinen Ärger jedoch weiterhin auf die Methode und indirekt auf uns statt auf den Finanzchef im Team, obwohl er diesem seit Jahren insgeheim vorwirft, ihn nie zu unterstützen, wenn es darauf ankommt, und nur kluge Reden zu führen. Diesen Konflikt offen auszutragen traut er sich jedoch nicht. Der HR-Chef macht sich auch weiterhin kaum bemerkbar – ein deutlicher Kontrast zu seinem sehr akzentuierten Auftreten im Vorgespräch. Der Leiter steht völlig allein da. Die drei bilden keine Einheit und unterstützen einander nicht.

Letztendlich wird es aber doch möglich, all diese Tabuthemen aufzugreifen. Dank des systemischen Arbeitens am ersten Tag, ist das Team insgesamt auf einem Level angelangt, der es erlaubt, diese Themen zu besprechen. Das Trio

– Leiter, Produktionschef und HR-Head – kann nun seinen Frust artikulieren und gemeinsam für eine Unterstruktur kämpfen.

Auch die Enttäuschung uns Beratern gegenüber, die wir aus Sicht des Produktionschefs »auch nur klug daherreden und dann das Wichtige nicht anpacken«, wird besprechbar. Emotionen und Befindlichkeiten können artikuliert werden, und schließlich stimmen alle der neuen Struktur zu – nicht jeder mit Begeisterung, aber dennoch ehrlich und authentisch. Es wird auch eine »Sicherheitsschleife« eingebaut: Die Bedenken gegen diese Struktur sollen bis zum nächsten Meeting als Beobachtungskategorien fungieren, dann werde man reflektieren, wie es bisher gelaufen sei.

Wir können dann im Inner Circle besprechen, was die Blockaden hervorgerufen hat. Das führt zu einer Stärkung des Trios und letztlich auch des Teams.

2.3.2 Was sagt der Kunde dazu?

»Rückblickend betrachtet war es für mich erleichternd, dass ich von den Beratern die Empfehlung bekam, diese Unterstruktur einzuziehen. Schließlich hatte ich das selbst schon längere Zeit überlegt und wusste auch, dass meine beiden Kollegen so dachten. Ohne diese Empfehlung hätten wir an Themen wie Zusammenarbeit und Strategie gearbeitet und hätten das eigentliche »heiße Eisen« gar nicht angefasst. Aber das Problem hätte uns zu einem späteren Zeitpunkt eingeholt.

Es war hilfreich, dass die Berater klare Empfehlungen ausgesprochen hatten, also ging ich relativ »locker« an die Präsentation der neuen Struktur heran. Ich hatte allerdings unterschätzt, welchen starken Widerstand das Team den Vorschlägen entgegensetzen würde. Besonders lehrreich für das gesamte Team war es dann, mithilfe der Berater zu reflektieren, was zu dem Punkt im Workshop geführt hatte, an dem wir alle glaubten, gescheitert zu sein, der sich dann aber als Wendepunkt herausstellte, da sich uns ab da die Chance bot, unsere Vorbehalte offen zu besprechen. Die Arbeit war emotional sehr fordernd. Ich musste als Vorgesetzter lernen, auch unbequem zu sein, Unterschiede zu machen. Aber es brachte Klarheit, und die Steuerung der Einheit ist jetzt viel effizienter.«

2.3.3 Was haben wir daraus gelernt?

Es ist anzunehmen, dass das Team diese Krise der Arbeitsunfähigkeit durchlaufen musste, um danach auf einer neuen Ebene reifer agieren zu können. Hätten wir nicht als Komplementärberater eine Intervention auf der Strukturebene gesetzt, wäre das Thema im Rahmen des Workshops nicht aufgegriffen worden. Möglicherweise wäre es später einmal aufgekommen, was aus unserer Sicht nicht hilfreich gewesen wäre. Wir hätten mithilfe unseres systemischen Know-hows an den heiklen Problemen entlanggearbeitet, sie aber nicht wirklich berührt oder gar gelöst.

Unsere fachliche Intervention half uns zudem, Zeit zu sparen, da sie es ermöglichte, eine blockierende Haltung (»Wir tun so, als ob wir alle gleich wären…«) aufzubrechen.

Im Gegensatz zu rein systemischen Beratern, die latente Muster bewusst machen und das Kundensystem darin unterstützen, selbst tragfähige Lösungen zu finden, beim »Was« aber »absichtslos« bleiben (Exner, 2000), sind wir sicher, dass sich das Team ohne unsere fachliche Intervention nicht so bald an das Thema herangetraut hätte – wir also dem System einen wesentlichen beraterischen Impuls zur Weiterentwicklung vorenthalten hätten.

Das Kundensystem (KS) war reif für unsere Intervention, da das besagte Trio sich darin einig war, dass eine Unterstruktur sinnvoll wäre, und auch alle anderen inhaltlichen Informationen dafür sprachen. Das heißt, die Hypothesenbildung zu Punkt 1 (»Sind sie schon so weit?«) konnten wir mit Ja beantworten.

Gelernt haben wir, dass eine spezifische Hypothesenbildung bezüglich der beiden anderen Fragen (»Welche Funktionalität hat das bisherige Unterlassen der Veränderung und – damit zusammenhängend – mit welchen Auswirkungen müssen wir rechnen?«) uns geholfen hätte, von den Auswirkungen unserer fachlichen Intervention etwas weniger überrascht zu werden. Hätten wir dies durchdacht, hätten wir annehmen müssen, dass der Vorschlag, eine neue Struktur einzuführen, zu Blockaden und offenen oder verdeckten Konflikten führen würde; wir hätten das im Design mit berücksichtigt oder wären zumindest darauf vorbereitet gewesen.

Welche Auswirkungen hätte das auf das BKS gehabt? Hier wäre klar gewesen, dass möglicherweise jene, die diese neue Struktur nicht wollen, uns dann misstrauen bzw. gegen uns arbeiten würden und/oder dass die Befürworter der Struktur erwarten würden, dass wir diese auch »durchbringen«, wenn wir sie schon so direktiv anraten. Wir hätten die Erwartungen im Vorfeld miteinander klären und auf die Reaktionen vorbereitet sein können. Definitiv hätten wir im Design für das Announcement der neuen Struktur einen Zeitpunkt gewählt, der uns noch genügend Zeit gelassen hätte, die antizipierten Reaktionen aufzuarbeiten.

Wir haben gelernt, uns nicht von der scheinbaren Leichtigkeit, mit der fachliche Interventionen vom KS angenommen werden, verführen zu lassen, denn jetzt wissen wir, dass uns eine beraterische Naivität dieser Art später unerbittlich einholen kann. Wir berücksichtigen also die folgenden Überlegungen und legen diese unseren Interventionen zugrunde.

→ Ist der richtige Zeitpunkt gegeben?

Der richtige Zeitpunkt für eine fachliche Intervention ist dann gegeben, wenn das System »überreif« ist, wenn also beispielsweise bereits eine starke Strömung in diese Richtung zu spüren ist oder wichtige Schlüsselpersonen sich dahin gehend äußern, das Thema jedoch noch nie in einem Forum aufs Tapet gebracht wurde.

Ist anzunehmen, dass das Kundensystem möglicherweise noch selbst auf die passende Lösung kommt? Dann wäre eine ausschließlich systemische Arbeitsweise angeraten, da davon auszugehen ist, dass Lösungen, die das System selbst erarbeitet, tragfähiger und nachhaltiger sind als von außen initiierte. Es kann zudem durchaus hilfreich sein, sich fachlich zu positionieren, dem System quasi einen »Stupser« zu geben. Jede darüber hinausgehende Intervention hätte eine Irritation der Berater-Kunden-Beziehung zur Folge. Denn wenn der Auftraggeber ohnehin vorhatte, genau das zu machen, was wir ihm anraten, stellt sich die Frage nach dem Mehrwert des Beratungsprozesses.

Ist der Kunde sehr weit entfernt davon, die Richtung einzuschlagen, die wir vorschlagen möchten, ist auch von einer fachlichen Positionierung abzuraten, da diese dann trotz sachlicher Richtigkeit nicht anschlussfähig ist (vgl. Luhmann, 1984). Es besteht sogar das Risiko, dass man damit das System für einen bestimmten Lösungsweg unzugänglich macht. In diesem Fall sieht die komplementäre Methode vor, die fachliche Intervention in kleinen Schritten vorzubereiten. Die Veränderung muss zum eigenen Anliegen werden. Nur dann besteht die Chance, sie nachhaltig in der Organisation zu etablieren.

➔ Welche Funktionalität hat das bisherige Unterlassen der Veränderung? – »Warum wird das nicht schon längst gemacht?«

»Alles Wissen ist im System!«, sagt der systemische Berater. Dieses Wissen entfalten Systeme über ihre Fähigkeit, mit der Umwelt in Austausch zu treten. Der Berater ist Teil der Umwelt und kann daher seine Außenperspektive gewinnbringend zur Verfügung stellen. Jedes KS hat gute Gründe, das Naheliegende zu unterlassen. Für manch Außenstehenden mag offensichtlich sein, was das »Gebot der Stunde« wäre, und dennoch wird es umgangen. Welches sind die Gründe dafür?

Wir machen uns ein genaues Bild von möglichen Ursachen auf der latenten Ebene und stimmen darauf die weiteren Schritte ab. Werden etwa bestimmte Konflikte vermieden, so ist davon auszugehen, dass genau diese zutage treten werden, wenn eine fachliche Intervention vom System angenommen wird. Wir beherzigen folglich den Grundsatz, dass jede Intervention auf der Sachebene immer auch eine auf der sozialen Ebene ist, und sind darauf vorbereitet. Wir nehmen gedanklich vorweg, wie das System auf eine fachliche Intervention reagieren bzw. diese verarbeiten wird. Dies gelingt nur, wenn wir die latenten neuralgischen Punkte, die durch eine Intervention berührt werden, präzise benennen können.

➔ Welche Folgen hat die fachliche Intervention auf die Berater-Kunden-Beziehung?

Im Komplementäransatz kommt dem BKS eine größere Bedeutung zu als im rein systemischen oder rein fachlichen Ansatz. Der Fachberater »verordnet« eine Veränderung, die als Fremdkörper empfunden wird und als solcher im System isoliert bleibt, da sie nicht als eigenes Anliegen internalisiert wird. »Autopoietische Systeme können ihre Strukturen nicht als Fertigprodukte aus ihrer Umwelt beziehen. Sie müssen sie durch ihre eigenen Operationen aufbauen…« (Luhmann, 1984). Der rein systemisch arbeitende Berater macht latente Muster bewusst und unterstützt das KS darin, eigene tragfähige Lösungen zu finden. Beim »Was« bleibt er, wie schon erwähnt, »absichtslos«.

Was bedeutet das hinsichtlich des komplementären Beratungsansatzes?

Wir haben es zunächst genauso mit selbstreferentiellen Systemen zu tun wie systemische und Fachberater. Wie der systemische Berater trommeln wir uns in den Rhythmus des Systems ein, um dann sanft, aber beharrlich ein klein wenig den Takt zu ändern. Am Schluss tanzen, bildlich gesprochen, alle Walzer, wo zuvor Marschmusik erklang, und niemand weiß mehr so genau, wie es dazu kam...

Wie rein systemisch arbeitende Berater »knacken« wir also den Zugangscode zum KS und bilden ein BKS. Hier gelingt es dann, dysfunktionale Muster aufzudecken. Erst wenn diese im Bewusstsein des KS verankert sind, wird eine fachliche Intervention gesetzt. Diese trifft dann nicht quasi als Fremdkörper auf ein operativ geschlossenes System, sondern auf ein empfängliches, durchlässigeres, vulnerables System innerhalb des BKS und ist daher eine mächtige Intervention mit Implikationen von großer Tragweite. Dem tragen wir Rechnung, indem wir die Reaktionen auf die Intervention hypothesengeleitet auffangen und begleiten.

Wir sind näher am KS als systemische Berater, da wir uns fachlich positionieren und intervenieren. Psychologisch gesprochen sind wir weniger abstinent und mehr um die Entwicklung eines gemeinsamen Systems bemüht. Das sollte stets beachtet werden. Wir stärken das BKS und lassen uns nicht einfach in das KS hineinziehen. Andernfalls würden wir an Funktionalität einbüßen, da wir dann beginnen würden, uns den Mustern des Systems anzupassen – also betriebsblind zu werden, wie das reine Fachberater aus der Praxis kennen. Systemische Berater sind weiter außerhalb des Systems und haben daher den klareren – weil distanzierteren, objektiveren – Blick auf dieses. Das adäquate Oszillieren zwischen Nähe und Distanz wird leichter, weil man in komplementär zusammengesetzten Tandems bzw. Teams arbeitet.

Wir haben die anspruchsvolle Aufgabe, auf dem schmalen Grat zwischen Nähe und Distanz zum KS zu balancieren. Aufgrund der fachlichen Intervention sind wir Teil eines gemeinsamen Systems, und nur hier – im BKS – können wir wirksam werden. Das bedeutet permanente Arbeit an der Berater-Kunden-Beziehung, denn diese wird aufgeladen mit Zuschreibungen und Übertragungen. Neben Idealisierung und Enttäuschung kommt es auch zu systemimmanenten Zuschreibungen: Vorwürfe, die eigentlich Autoritäten innerhalb des Systems gelten, werden durch die fachliche Intervention aktiviert und auf den Berater übertragen, was zwangsläufig Enttäuschung mit sich bringt (»Der ist auch nicht anders als alle anderen...«). Daher ist es besonders wichtig, an der Entwicklung einer reifen Berater-Kunden-Beziehung zu arbeiten, indem man diese Dynamiken thematisiert. Zuschreibungen und

Übertragungsphänomene erkennen und mit dem Kunden bearbeiten zu können erfordert neben gruppendynamischer Kompetenz, dass man dem BKS entsprechend Raum schafft und die für die gemeinsame Arbeit benötigte Zeit einplant.

Auf der qualitativen Ebene bedeutet dies, gezielt Hypothesen hinsichtlich des BKS – und der Auswirkungen fachlicher Interventionen auf dieses – zu bilden und die Berater-Kunden-Beziehung regelmäßig gemeinsam zu reflektieren.

2.4   Personalmanagement

Erfolgreiche Neupositionierung für die Zukunft

Lars Burmeister und Martin Hillebrand

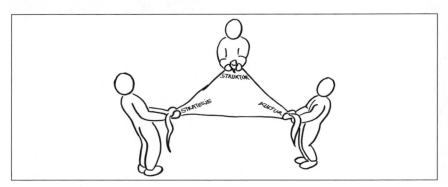

2.4.1 Situation und Anforderung

Personalmanagement erlebt nun schon fast jahrzehntelang turbulente Zeiten und erfährt heute mehr denn je in vielen Organisationen einen tiefgreifenden Wandel. Warum? Es gibt drei Ankerpunkte:

1. **Demografischer Wandel:** Zum einen werden die Auswirkungen des demografischen Wandels allmählich sichtbar. Das bedeutet, es finden sich immer weniger qualifizierte Mitarbeiter und Führungskräfte, der *war for talents* jenseits der *high potentials* hat in vielen Branchen, Regionen etc. längst begonnen.

2. **Globalisierung:** Zudem fordert die Globalisierung Tribut. Es gibt in Organisationen immer mehr netzwerkartige, global ausgerichtete Strukturen und interkulturelle Besonderheiten. Dies führt nicht nur zu höherer Komplexität, mit der der Bereich Personalmanagement umgehen können muss, sondern auch dazu, dass eine stabile emotionale Befindlichkeit der Mitarbeiter, die in den losen globalen Netzwerken ein gewisses Maß an Sicher-

heit sowie einen »Heimathafen« brauchen, immer wichtiger werden könnte – eine weitere Herausforderung für das Personalmanagement.

3. **Virtualisierung:** Der dritte Ankerpunkt, auch verknüpft mit dem Thema Globalisierung, ist die zunehmende Virtualisierung. Führung findet immer seltener in direktem persönlichem Kontakt statt (Stelleninhaber müssen immer mehr Aufgaben übernehmen, dazu kommen interne Veränderungsprojekte), sondern vielmehr immer häufiger über virtuelle Medien im Rahmen von Web-Konferenzen oder Chats. Das erfordert nicht nur besondere Strukturen und Kompetenzen, sondern auch eine ganz neue Unternehmenskultur. Insgesamt lässt sich absehen, dass sich Art und Form der Arbeit von Grund auf wandeln werden (siehe dazu im Detail z. B. Gratton, 2011), was in eine veränderte Beziehung zwischen Arbeitnehmer und Arbeitgeber mündet.

Zweiteilung in ein strategisches und ein administratives Personalmanagement

Wie kann man im Bereich Personalmanagement auf diese Entwicklungen reagieren? Welche Position kann man diesbezüglich einnehmen und sich diese Entwicklungen als Gestalter zu eigen machen? Wir glauben: Der Personalmanager wird in Zukunft in verstärktem Maß mit zwei Händen agieren müssen – mit einer strategischen Hand, die steuert, und einer administrativen Hand, die den Part des Dienstleisters übernimmt. Nur wenn sich Personalmanagement in beiden Aspekten professionalisiert, beides Hand in Hand vorangeht, wird der Bereich einen echten Mehrwert für das Unternehmen schaffen können.

Im **strategisch ausgerichteten Personalbereich** wird der »Personaler« zum »Personalmanager«. Das Personalmanagement trägt zum Wettbewerbsvorteil und zur Wertschöpfung des Unternehmens bei, befähigt es, zukünftigen Herausforderungen erfolgreich zu begegnen, und agiert als aktiv strategischer Businesspartner (vgl. Ulrich/ Brockbank, 2005).

Als Sparringspartner berät und coacht der Personalmanager das Topmanagement sowie Führungskräfte und ist Supervisor, denn er kennt den »Laden« und kann gleichzeitig die nötige Distanz bezüglich konkreter Probleme aufbringen. In seinen Kompetenzbereich fällt auch die Aufgabe, die künftig immer häufiger erforderlichen Change-Prozesse zu begleiten – kein anderer

Bereich im Unternehmen ist dafür besser geeignet, und Veränderungsprozesse können nur organisationsintern initiiert und nachhaltig umgesetzt werden. Personalmanagement kann z. B. Führungskräfte – die Schlüsselfiguren in Veränderungsprozessen – dabei unterstützen, sich Change-Know-how anzueignen und behält während des gesamten Prozesses »den Hut auf«. Personalmanagement sieht sich auch mit elementaren Themen der Unternehmensentwicklung konfrontiert, etwa mit der Entwicklung von Führungsnachwuchs oder der Einführung von Entgeltsystemen.

Die andere Hand des Bereichs, die **Administration**, bestreitet weiterhin eine der Kernaufgaben der Personalarbeit. Die Kernkompetenz »Verwaltungsarbeit« benötigt aber künftig eine justierte Haltung, ein neues Selbstverständnis. Das zentrale Stichwort lautet hier: Kundenorientierung. Dem ist sowohl unternehmensintern als auch außerhalb des Unternehmens Rechnung zu tragen. Der Personalmanager muss sich in erhöhtem Maß als Dienstleister verstehen und dabei beachten: Kunden sind nicht nur außerhalb, sondern auch innerhalb des Unternehmens zu finden. Dazu gehört es auch, von Zeit zu Zeit aufgrund spezifischer Fragen eine Art Stakeholder-Mapping zu betreiben. (Wer sind unsere Kunden? Welche Ansprüche haben sie, und kommen wir diesen zufriedenstellend entgegen?) Diese für viele Unternehmen neue Orientierung ist von elementarer Wichtigkeit, da dieser administrative Bereich künftig noch mehr als bisher von Outsourcing bedroht sein wird.

Defizite in der Praxis

Soweit die Theorie. Wie aber sieht es in der Praxis aus? Laut der Capgemini-Studie »HR-Barometer 2009« halten sich zwei Drittel aller Personalmanagementbereiche – nach Feststellung der Effizienz ihres Tuns – für nicht optimal aufgestellt. Zurückkommend auf die erforderliche Zweiteilung von Personalmanagement in Strategie und Administration sehen wir das Problem, dass es administrativen Prozessen häufig an »operational excellence« (Prozessdesign/Kundenorientierung) mangelt, die »strategischen Personaler« hingegen oft ein Rollenfindungsproblem haben. Zudem bedeuten vor allem die beschriebenen strategischen Anforderungen für viele Personalmanager eine große Herausforderung, manchmal auch Überforderung.

Wir glauben, dass es Schlüsselkompetenzen braucht, um als Businesspartner Change-Prozesse wie den demografischen Wandlungsprozess, das Arbeiten in globalisierten internationalen Strukturen und die stärker virtualisierte Führung in einem Unternehmen zu begleiten. Es ist nötig, Prozess-Know-how zu sammeln und dabei mit komplexesten, möglicherweise auch paradoxen Situationen, Widersprüchen, Unterschieden und Konflikten auf verschiedenen Ebenen (Personen, Gruppen, Organisationen) umgehen zu können. Zugleich sollte man aber auch als Experte das nötige Fachwissen mitbringen und verstehen, wie interdisziplinäre Zusammenarbeit optimiert werden kann. Kurz gesagt: Es bedarf der komplementären Integration von sachlich-inhaltlichen und prozessnahen emotionalen Themen.

Fallbeispiel Kasseler Sparkasse

Auf diesem Entwicklungsweg begleiteten wir den Bereich Personalmanagement der Kasseler Sparkasse. Hier haben wir in einer gemeinsamen Entwicklungsarbeit etwas geschafft, auf das wir stolz sind: Wir haben mit wenig externer Beratungsleistung und dem Fokus auf der Nutzung interner Ressourcen einen tiefgreifenden Wandlungsprozess begleitet, der den Bereich Personalmanagement strategisch, strukturell und kulturell bei einer neuen, moderneren und tragfähigeren Zukunftsausrichtung unterstützt, die (Führungs-)Kultur der Bank nachhaltig geprägt und mehrere Hundert Mitarbeiter miteinbezogen hat.

Unsere Zusammenarbeit mit der Kasseler Sparkasse, die rund 1 100 Mitarbeiter hat, fällt in eine schwierige Zeit: Die Wirtschaftskrise hat auch die öffentlich-rechtlichen Banken getroffen (die jedoch im Vergleich zu ihren privaten Wettbewerbern von ihrem vertrauenswürdigen Image zehren können). Das dynamische Umfeld mit immer schnelllebigeren Produkten lässt (auch heute noch) den Kostendruck steigen (weiterführende Informationen dazu siehe Finke, 2009), und eine interne Befragung bringt ans Licht, dass die Mitarbeiter mit der im Hause praktizierten Führung nicht zufrieden sind. Auch machen sich erste Auswirkungen des demografischen Wandels bemerkbar: In manchen Filialen gibt es bereits Schwierigkeiten, ausgeschriebene Stellen zu besetzen. Es gibt kein einheitliches Führungsleitbild bzw. entsprechende Führungsleitlinien – und dies in einem Unternehmen, in dem das Thema Führung einen besonderen Stellenwert hat, sind die Mitarbeiter doch Schlüsselfiguren im Kundenkontakt und der Kundenbindung (ebenso wie im Vertrieb, der aufgrund des beschriebenen Kostendrucks in Banken immer wichtiger wird). Einige Führungskräfte fühlen sich den aktuellen Anforderungen nicht gewachsen, einige Mitarbeiter hadern mit der Personalführung.

In einem Auftragsklärungsgespräch definieren wir gemeinsam mit dem Bereich Personalmanagement zwei Hauptziele.

1. **Angestrebt wird die Entwicklung zu einem zukunftsfähigen Bereich**, der zum einen als Businesspartner einen wichtigen Wettbewerbsvorteil für das Unternehmen schaffen und die Bank aufgrund seiner Arbeit befähigen soll, zukünftigen Herausforderungen erfolgreich zu begegnen (vor allem hinsichtlich der Change-Management-Kompetenzen). Und zum Zweiten sollte das Personalmanagement im Sinne der erforderlichen Differenzierung seinen administrativen Bereich dienstleitungsorientierter aufstellen und professionalisieren.

2. **Der Prozess sollte langfristig angelegt werden**. Das bedeutet konkret: wenige Beratertage, also nicht viele Interventionen, die unsere Anwesenheit erfordern würden, dafür öfter (häufiger als in anderen unserer Beratungsprozesse) Kurzimpulse als Hilfe zur Selbsthilfe. Dies sollte im Rahmen eines stufenweisen und auf eine längere Zeitspanne konzipierten Prozesses stattfinden – wobei es immer wieder möglich sein sollte zu evaluieren und gegebenenfalls nachzusteuern, um auch mit geringeren Ressourcen erfolgreich sein zu können.

2.4.2 Der Beratungsprozess

Prozessbegleitung

Wir arbeiten intensiv mit dem Bereich Personalmanagement zusammen: In einem ersten **Strategie-Workshop** mit dem Personalleiter (Bereichsleiter) und seinen *Direct Reports* diskutieren wir die aktuelle Ausgangssituation der Sparkasse, künftige Herausforderungen (siehe oben, Abschnitt 2.4.1) und mögliche Szenarien. Wir durchlaufen gemeinsam die systemische Schleife (siehe Abb. 6), was uns hilft, Hypothesen zur aktuellen Situation zu bilden, und entwickeln eine gemeinsame Vision hinsichtlich des Bereichs Personal, aufgrund deren wir die strategische Stoßrichtung justieren (zur Methodik vgl. z. B. Königswieser/Hillebrand, 2007).

Zentrales Anliegen des Bereichs ist der Wunsch, seine Rolle als Businesspartner des Topmanagements auszubauen und die Zukunft der Kasseler Sparkasse aktiv mitzugestalten. Davon ausgehend – und mit dem Fach-Know-

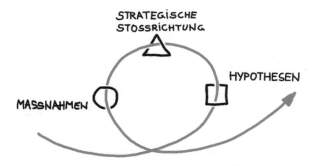

Abb. 6: Die systemische Schleife

how der Berater – leiten wir die neue Struktur ab: Die beiden Abteilungen sollten ihre jeweilige Rolle als Experten für Personalmanagement bzw. für Weiterbildung klarer umreißen, weiter ausbauen, Kompetenzen hinzugewinnen und auch eine personelle Umverteilung vornehmen.

Diese Umstrukturierung bedeutet eine tiefgreifende Veränderung für die Mitarbeiter und hat besondere Folgen für die Organisationskultur. Da die Grundfesten des Bereichs Personal in Bewegung geraten sind, initiieren wir nach dem Strategie-Workshop einen **Kick-off-Workshop** zum Start des Prozesses (und ebenso zum Ende): Mithilfe dieser Großveranstaltung können wir alle Mitarbeiter gleichzeitig erreichen, ein gemeinsames Wir-Gefühl aufbauen und Sinn hinsichtlich des Prozesses stiften. Je zwei **Teamentwicklungs-Workshops** für je eine Abteilung – im Abstand von drei bis vier Monaten – helfen den Mitarbeitern dabei, sich in ihren neuen Strukturen und Teams einzuleben und eine eigene Kultur zu entwickeln: die Kultur des strategischen Personalmanagements (steuernde Hand) und die Kultur der Administration (Dienstleistungshand).

Am zuvor definierten »Ende« des Prozesses findet ein abschließender **Evaluations-Workshop** statt: Wieder nehmen alle Mitarbeiter und Führungskräfte des Bereichs Personal teil. Im Rahmen dieses letzten gemeinsamen Workshops blicken wir auf das vergangene Jahr – auf Stolpersteine und Erfolge – zurück. Damit haben die Mitarbeiter die Möglichkeit, den Prozess zu verarbeiten, Feedback zu geben und Sachverhalte, die ihnen auf dem Herzen liegen, zu thematisieren.

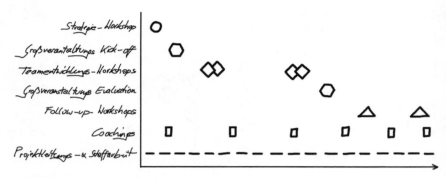

Abb. 7: Die Prozessarchitektur

Gleichzeitig haben wir die Chance, die ersten Ergebnisse auf den Ebenen Strategie, Struktur und Kultur zu messen – ganz komplementär anhand von Zahlen z. B. aus der Befragung zur Mitarbeiterzufriedenheit, der Balanced Scorecard, aber auch aus Interviews, Gruppenarbeiten etc. Den Führungskräften ist es ein Anliegen, den Mitarbeitern zu danken, die ein Jahr mit vielen Herausforderungen und hoher Belastung so erfolgreich hinter sich gebracht und den Prozess praktisch umgesetzt haben.

Noch heute, fünf Jahre nach Prozessbeginn, führen wir gemeinsam **Follow-up-Workshops** durch, die immer wieder dabei helfen, auf mögliche Stolpersteine zu achten und rechtzeitig über Konflikte und Bedürfnisse sprechen zu können. **Coachings** mit den Führungskräften bringen Unterstützung auf der persönlichen Ebene und stabilisieren den weiteren Prozess.

Fachbegleitung

Im Rahmen des parallel angelegten Prozesses »Führung im Wandel« entwickelt die Kasseler Sparkasse unter großer Beteiligung der Mitarbeiter ihre Instrumente für die Personalentwicklung weiter. Dieser Prozess hat vier Phasen, die jeweils auf ein Jahr angelegt sind (vgl. Abb. 8; detaillierte Beschreibung siehe Burmeister/Steinhilper, 2010).

Zu Beginn des Beratungsprozesses geht es um einen ersten kritischen Blick auf die Organisation, auf ihre Kraftfelder, aber auch auf die blockierenden Bereiche. Es geht um eine erste Neuausrichtung und schließlich um eine Konkretisierung der gemeinsamen Ziele bezüglich der Arbeit an den Instrumen-

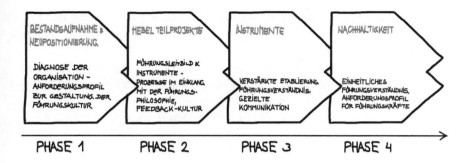

Abb. 8: Vier Phasen von Führung im Wandel

ten der Personalentwicklung. Als Grundlage hierfür dient eine Analyse der Ausgangssituation (eine Systemdiagnose), die – wie auch die Mitarbeiterbefragung – deutlich zeigt, dass Führungsleitbild, -verständnis und -instrumente dringend diskutiert und, wo dies möglich ist, weiterentwickelt werden müssen (vgl. Abb. 9).

In der zweiten Phase von »Führung im Wandel« geht es – gemäß dem stufenweisen Ansatz – um die Arbeit »in der Fläche«: In Teilprojekten arbeiten die Mitarbeiter an den Themen Führung, Kommunikation und Prozesse. Hieraus gehen in der dritten Phase die folgenden Maßnahmen und Tools hervor, die in der vierten Phase nachhaltig in der Organisation verankert werden.

Abb. 9: Fehlendes Führungsleitbild im Jahr 2007
(Bild aus der Rückspiegelung unserer Systemdiagnose)

- **Nachwuchsförderungsprogramm:** Förderung von Nachwuchsführungskräften, langfristige Bindung ans Haus (im Hinblick auf die demografische Entwicklung).
- **Qualitätszirkel Führung:** Bildung von Gesprächsrunden im Rahmen der Personalentwicklung, um ein umfassenderes gemeinsames Bild bezüglich Potenzialen und Bedarfen zu erarbeiten.
- **Multiplikatoren Führungsbotschafter:** Multiplikation der Dialogkultur und Unterstützung der Führungskräfte, Projektinformationen, Rückkoppelung an das Kernteam.
- **180-Grad-Feedback:** Vorgesetzte und Mitarbeiter beurteilen die Führungskräfte, um deren potenzielle Entwicklungsfelder besser erkennen zu können.
- **Dialog – unser Orientierungsgespräch (DuO):** Weiterentwicklung eines bestehenden Beurteilungssystems, maßgeschneidert für Führungskräfte und Mitarbeiter.
- **Unterstützung der Führungskräfte im Vertrieb:** Weiterentwicklung des individuellen Repertoires an Führungsinstrumenten, Managementtechniken, kommunikativen Fähigkeiten und Personalkompetenzen in Workshops vor Ort.

2.4.3 Was sagt der Kunde dazu?

Katja Busch, Abteilungsleiterin Strategisches Personalmanagement und interne Projektleiterin, berichtet:

»Als wir einen Partner für den Wandlungsprozess suchten, entschieden wir uns ganz bewusst für Königswieser & Network – der Ansatz des Lernens im Prozess sprach uns an und überzeugte uns. Allerdings ahnten wir nicht, was diese Entscheidung tatsächlich bedeutete: Die ersten Erfahrungen und Schritte waren für unser Haus ungewöhnlich und irritierend. Im Lauf der Jahre waren wir darauf konditioniert, von externen Beratern Lösungskonzepte zu erhalten und diese dann umzusetzen.

Ich erinnere mich gut an die Entwicklung des bereits erwähnten Mitarbeitergesprächs »Dialog – unser Orientierungsgespräch« (DuO, siehe oben Abschnitt ›Fachbegleitung‹). Nach der ersten Erarbeitungssequenz war ich hinsichtlich der Entscheidung für diesen Beratungsansatz unsicher, und es schlich sich ein ungutes Gefühl ein. Wir merkten, welche Konsequenzen bereits nur kleine Veränderungen im Haus bewirkten. Zudem war mir trotz der guten Begleitung seitens der Berater nicht klar, welchen Beitrag sie nun explizit geleistet hatten. Erst viel später wurde uns allen die Tragweite dieser Art der Beratung und Begleitung bewusst: Zum einen lernten wir als Bereich Personalmanagement, unsere Perspektive zu erweitern, ganzheitlicher zu denken, einen Fokus auf bereichsübergreifende Themen zu legen – Sinnstiftung, Identifikation mit dem Unternehmen und individuelle Handlungsfelder zu bedenken. Diese Belange sind wichtig für die Mitarbeiterbindung und -zufriedenheit sowie für die Führungskräftequalifizierung und haben eine direkte Auswirkung auf den Erfolg unseres Unternehmens.

Zum anderen erfuhren wir, was rund um das Thema Führung und Personalmanagement nach aktuellem Stand der Wissenschaft relevant ist. Neben der Arbeit an den verschiedenen Konzepten lernten wir aber auch, die Erwartungshaltung und das Wissen unserer internen Kunden bewusster in unsere Überlegungen einzubeziehen. Es gelingt uns daher heute immer besser, Instrumente, Angebote und Konzepte zu entwickeln, die zur Gänze auf deren Bedürfnisse ausgerichtet sind.

Die Berücksichtigung der systemischen Schleife (siehe. Abb. 6) in diesen Prozessen ermöglicht uns zu erkennen, wie die Neuerungen greifen und wo Korrekturbedarf besteht – eine weitere neue wertvolle Erfahrung und Vorgehensweise in unserem Bereich. Die Berater achteten stets darauf, dass wir bei der Zukunftsausrichtung unseres Bereichs die Anforderungen weit über unsere Sparkassengrenzen hinaus im Blick hatten, ohne uns als Bereich dabei aus den Augen zu verlieren. Und gleichsam unbemerkt haben wir nebenher aufgrund von Reflexionstagen, Workshops und Ad-hoc-Beratungen am Telefon unsere Positionierung, Entwicklung und Verantwortung als Führungskräfte ausgebaut.

Abgesehen von all diesen positiven Entwicklungen und Erfahrungen waren die letzten Jahre aber auch anstrengend. Auf unserem Weg in die Zukunft schufen wir neue Strukturen, und Mitarbeiter mussten sich entsprechend verändern. Auch die Akzeptanz hinsichtlich unserer Rolle als Businesspartner müssen wir noch gelegentlich diskutieren, etwa die Fragen, ob wir nicht ungerechtfertigt nach Macht gegriffen hätten und ob die Funktionen als Dienstleister und strategischer Partner unter einen Hut zu bekommen seien. Wir sagen eindeutig: ja!

Mit kritischem Blick auf etwaige Versäumnisse würde ich mir für ein nächstes Mal mehr Raum und Zeit für Input wünschen – Reflexionen aus dem Blickwinkel von außen und Unterstützungen vor Ort. Doch trotz manch beschwerlicher Wegstrecken bin ich insgesamt dankbar für die Erfahrungen, für die Weiterentwicklung unseres Bereichs und für meine damit einhergehende Professionalisierung. Im Rückblick gesehen war es im Wesentlichen doch: freudvoll!«

2.4.4 Was haben wir in diesem Beratungsprozess erreicht?

Nach vier Jahren gemeinsamer Arbeit haben wir viel erreicht – und selbst einige Innovationen erlebt. Der Bereich Personalmanagement hat sich grundlegend neu ausgerichtet und auch kulturell verändert: Im Rahmen einer Reorganisation wurde das »strategische Personalmanagement« strukturell verankert, das bedeutet, dass es nun eine eigene Abteilung gibt, die sich explizit ausschließlich mit Personalmanagement beschäftigt – eine andere vorwiegend mit administrativen Prozessen und Weiterbildung.

Auch die Haltung des gesamten Bereichs hat sich verändert: Der Servicegedanke wurde weiterentwickelt, ebenso die administrative Exzellenz. Gleichzeitig kann sich der Bereich selbstbewusst als Businesspartner des Managements positionieren und einen eindeutigen Mehrwert seiner Arbeit für das Unternehmen vorweisen – den gesamten Change-Prozess, an dem mehr als 100 Führungskräfte und Mitarbeiter beteiligt waren, hat der Bereich Personalmanagement federführend initiiert und begleitet. Er hatte von Anfang an »den Hut auf« und war auf Augenhöhe Ansprechpartner für Führungskräfte und Vorstand.

Zum anderen hat die Kasseler Sparkasse ihre Instrumente für die Personalentwicklung konsequent weiterentwickelt und sich somit hinsichtlich der analysierten Führungsproblematik im Haus und hinsichtlich künftiger Herausforderungen (soziodemografischer Wandel, *war for talents* etc.) »fit« gemacht. Dabei wollen wir besonders folgende Themen hervorheben:

- Es entstand langsam, aber kontinuierlich eine **Dialog- und Feedbackkultur** im Unternehmen (v. a. Dialog- und Orientierungsgespräche und »Führungsbotschafter«).
- **Führung** konnte weiter **professionalisiert** werden (Führungsverständnis, Leitbild, Führungsanforderungsprofil, Führungsinstrumente).

- Die **Führungsqualitäten** wurden **sichergestellt** (u. a. 180-Grad-Feedback, »TalenteFörderKreis«) – was im *war for talents* wichtig für die Förderung und Bindung von Leistungsträgern ist.

Für uns ist der Prozess bei der Kasseler Sparkasse ein hervorragendes Beispiel dafür, wie wirkungsvoll, sinnhaft und nachhaltig komplementäre Beratung ist: Auf der Ebene der **Prozessberatung** arbeiteten wir an den zentralen **strategischen, strukturellen und kulturellen Hebeln.** Im Rahmen der strategischen Dimensionen standen folgende Fragen im Vordergrund: Wohin wird sich Personalmanagement künftig entwickeln müssen und welche Herausforderungen wird es geben? Zudem stellten wir in Bezug auf die Struktur und die Prozesse folgende Fragen: In welcher Form soll der Bereich aufgestellt sein? Was ist *state of the art?* Auf der kulturellen Ebene unterstützten wir die Bank dabei, in den neuen Strukturen mit den neuen Kollegen gut zusammenarbeiten zu können, aber auch darin, die neu entwickelte Haltung als Personalmanager zu verstehen und im Unternehmensalltag umzusetzen.

Zum anderen brachten wir als Prozessberater aber auch Wissen zur Vermittlung und Begleitung von Change-Prozessen ein. Es war möglich, Räume für Bewusstheit, Reflexion, Sensibilität und aufmerksame Wachheit hinsichtlich aktueller und künftiger Entscheidungs- und Kommunikationsprozesse zu schaffen. Zudem boten wir Unterstützung in schwierigen Situationen und Konflikten, die unweigerlich in Wandlungsprozessen auftreten. Denn Veränderung bedeutet auch immer, Vertrautes und Gewohntes hinter sich lassen zu müssen, weshalb ein offener Umgang mit Emotionen und das Transparentmachen von Latenzen zentral ist. Dazu bedarf es echter Begegnung in Räumen der Entschleunigung. Und vor allem muss der Sinn des Ganzen ersichtlich sein – sowohl emotional als auch rational.

Auf der Ebene der **Fachberatung** konnten wir dank des komplementär aufgestellten Beraterstaffs unser Fach-Know-how einfließen lassen. Zum einen brachten wir tiefergehendes Verständnis für den Bereich Personalmanagement ein – unsere Mitarbeiter hatten selbst mehrere Jahre Führungspositionen in diesem Bereich inne und kennen die Chancen und Stolpersteine. Zudem arbeiteten wir in mehreren Forschungsprojekten zum Thema »Zukunft von Personalmanagement« und veranstalteten diesbezüglich regelmäßig Workshops und Kongresse. Wir konnten also Wissen bezüglich (künftiger) Herausforderungen, notwendiger Weiterentwicklung und der damit verbundenen Struktur- und Strategiekonzepte einbringen – außerdem bezüglich Führungsthemen, Qualifizierungsprogrammen und der Entwicklung entsprechender Instrumente. Zur Fachberatung gehörte aber auch die Vermittlung von Know-how, wie sich Probleme rasch lösen lassen, wie komplexe Sachthemen frühzeitig erkannt werden und wie man darauf intelligent, adäquat und flexibel reagiert.

Wir konnten Fach- und Prozessbegleitung intensiv verzahnen, da wir sowohl Experten bezüglich Personalmanagement als auch hinsichtlich systemischer Prozessbegleitung im Staff hatten. So konnte immer genau jenes Know-how eingebracht werden, das in der jeweiligen Situation benötigt wurde. Ein konkretes Beispiel: Bei der Konzeption und Begleitung von Workshops (ob Großveranstaltung, Teamentwicklung oder Teilprojekt) war es entscheidend zu wissen, wie die Dynamiken einer solchen Veranstaltung verlaufen und wie man diese auffangen kann, wie man mit möglichen Konflikten umgehen, aber auch wie man bei stockenden Prozessen (z. B. einer Instrumentenentwicklung) mithilfe von Fach-Inputs gemeinsam Blockaden überwinden kann. Diese komplementäre Begleitung (Kompensation durch die Verzahnung von Fach und Prozess-Know-how) hat nach unserem Ermessen den größten Beitrag bei der Begleitung der Kasseler Sparkasse im Allgemeinen und des Bereichs Personalmanagement im Besonderen geleistet.

2.4.5 Was haben wir daraus gelernt?

In diesem Projekt standen uns nur sehr begrenzte Ressourcen zur Verfügung. Was tun, wenn die Herausforderungen groß, die Ziele hoch gesteckt sind? Wir haben gemeinsam gelernt, mit der Zeit zu arbeiten. Das bedeutet: nur wenige Interventionen und nicht viele Beratertage vor Ort – dafür viel internes Engagement. Etappenweise haben wir den Prozess vier Jahre hindurch begleitet und sind in dieser Zeit Schritt für Schritt vorangekommen. Interne Ressourcen mussten zunächst aktiviert werden, das heißt, Mitarbeiter mussten befähigt werden, den Prozess mithilfe neu erworbener Kompetenzen zu begleiten. So arbeiteten wir zunächst mit dem Bereich Personalmanagement, der bald selbstständig damit begann, »Führungsbotschafter« auszubilden. Einige der Teilprojekte wurden ebenfalls intern geleitet, wir führten unsererseits die Supervision durch. Es gab eine enge Zusammenarbeit mit den Subprojektleitern und anderen Schlüsselfiguren, die als Multiplikatoren wirkten. Es bestand hohes Vertrauen zwischen diesen Akteuren, und auch wir vertrauten auf ihre Kompetenz, den Prozess zu begleiten. Möglich war dies vor allem aufgrund des großen Engagements und der Leidenschaft der internen Projektleiterin sowie ihrer engen Zusammenarbeit mit dem Auftraggeber, dem Vorstand, der als echter »Owner« des Prozesses auftrat. Insgesamt dauerte der Prozess viel länger, als wir dies aus anderen Projekten kannten, er lehrte uns jedoch Geduld und die Bedeutung des nachhaltigen Aspekts: die Aktivierung der eigenen Ressourcen des Unternehmens.

Aufgrund unserer Erfahrungen sind wir von der Nachhaltigkeit der Entwicklung in Bereichen, in denen Personalmanagement und Administration Hand in Hand gehen, überzeugt. Zudem sollten folgende systemisch-komplementäre Schlüsselkompetenzen gefördert werden:

- die Fähigkeit, mit komplexesten sowie paradoxen Situationen umzugehen;
- der fruchtbare Umgang mit Widersprüchen, Unterschieden und Konflikten;
- die Expertise darin, wie interdisziplinäre Zusammenarbeit optimiert werden kann;
- das Öffnen neuer Sichtweisen auf sachlich-inhaltliche sowie auf prozessnahe emotionale Themen;
- das Vermögen, die eigene Werthaltung mit Fach- und Managementthemen zu verbinden.

Der Bereich Personalmanagement sollte sich seiner Kompetenzen, Potenziale und seines Unternehmensmehrwerts bewusst(er) werden, diese Fähigkeiten ausbauen, aktiv anbieten und schließlich selbstbewusst und auf Augenhöhe mit dem Topmanagement in der Organisation wirken. Es geht um eine adäquate Positionierung und darum, den Wertschöpfungsbeitrag zum Unternehmenserfolg – etwa bei der Beratung von Vorstand und Führungskräften – ins rechte Licht zu setzen. Wenn der Bereich Personalmanagement dazu selbstbewusst imstande ist, wird dadurch die alltägliche Arbeit für beide Seiten gewinnbringender und auch lustvoller werden.

2.5   Fachkompetenz

Der Schlüssel zur vernetzten Organisation

Charlotte Götz-Pagni und Bernhard Koye

2.5.1 Situation und Anforderungen

In dieser Fallgeschichte geht es darum, die Einführung eines neuen Organisationsmodells zu begleiten. Als ISS (anonymisiert, vgl. auch Kapitel 2.1) uns
anfragt, sind im Vorfeld bereits sowohl eine rein fachliche als auch eine rein
systemische Beratung dramatisch gescheitert. Man sagt uns, der Auftrag zur
Umsetzung der in einem kleinen Team erarbeiteten Strukturänderung sei per
E-Mail und in einem Workshop an das oberste Management-Team erteilt
worden, dort sei die »Hausaufgabe« allerdings nie angegangen worden. Im
Verlauf eines Workshops sei der externe Berater »hinausgeworfen« worden,
worauf das Projekt auf Eis gelegt wurde. Der Komplementäransatz soll nun der
letzte Versuch einer externen Beratung sein.

Unser Auftrag besteht darin, ein in seinen Grundzügen bereits konzipiertes
Organisationsmodell zunächst betriebswirtschaftlich zu validieren und dann
einzuführen. Mithilfe dieses neuen Strukturmodells sollen die Aktivitäten
und Funktionen der marktbearbeitenden Businesslines so weit vereinheitlicht

werden, dass weiteres Wachstum und einheitliche Führung erreicht werden
können, denn die derzeit bestehenden Strukturen haben die Organisation an
die Grenzen ihrer Leistungsfähigkeit geführt.

Neben der Entscheidung für den komplementären Ansatz und die Marke
Königswieser tragen zwei weitere Schlüsselelemente dazu bei, dass wir
schließlich das Mandat erhalten: Als erste Voraussetzung heißt es, das Vertrauen des CEO zu gewinnen und ein betriebswirtschaftliches Benchmarking
des Organisationsmodells vorzulegen. Dieses zeigt auf, dass das Modell bereits
die Kernelemente neuester Forschung bezüglich Wachstumsmodellen auf-
weist, die Ablauf- und Prozessstrukturen sowie die entsprechenden Verantwortlichkeiten und Rollen dabei aber komplett vernachlässigt. Das zweite
entscheidende Element ist dann ein erster Workshop mit dem gesamten Management-Team. Dabei geht es darum, die Gruppendynamik dieses Leitungsteams mithilfe systemischer Interventionen in den Griff zu bekommen
und eine gemeinsam getragene Entscheidung bezüglich des weiteren Vorgehens zu erreichen. Interessanterweise sind es hier dann ausgerechnet die Bereichsleiter (Businessline-Direktoren), die sich für die Zusammenarbeit mit
K & N aussprechen. Ihnen wird nachgesagt, dass gerade sie sich gegenüber
Veränderungsbestrebungen bisher stets quergestellt haben. Sie finden den in-
tegrierten Ansatz gut.

Die ISS, ein weltweit führendes Unternehmen auf dem Gebiet des Prüfens,
Testens, Verifizierens und Zertifizierens, ist dezentral organisiert und konnte
ihren Umsatz in den letzten fünf Jahren mehr als verdoppeln. Das Unternehmen operiert formell in einer Matrix, in der die hierarchische Führung inklusive der einzelnen Geschäftsbereiche (Businesslines) und der Labors dem
Managing Director Deutschland übertragen ist. Die fachliche Führung der
Geschäftsbereiche hingegen obliegt – mit dem Ziel der Vereinheitlichung der
fachlichen Angebote – dem weltweit Fachverantwortlichen.

Wachstum wurde bisher vorrangig über Zukäufe erreicht. Zukünftiges
Wachstum soll hingegen vor allem mithilfe bereichsübergreifender Bündelung
von Services gelingen. Diese Ambition legt offen, dass die Firma mit der bisherigen Wachstumsstrategie nun an ihre Grenzen gestoßen ist. Wie aber steuert und fördert man bereichsübergreifende Kooperation und wechselweise
Abstimmung aufeinander in einem Unternehmen, das aus vielen kleinen und
mittleren mittelständischen Unternehmen gewachsen ist, dessen Standorte
geografisch breit gestreut und dessen Mitarbeiter so unterschiedlich sind wie

ihre Tätigkeitsfelder? Die Umsetzung des Organsationsmodells soll dazu beitragen, eine zukunfts- und netzwerkorientierte Firmenstruktur und -kultur
entstehen zu lassen, die den Rahmen für gemeinsames unternehmerisches
Handeln bildet und gleichzeitig die Differenziertheit der wirtschaftlichen Tä-
tigkeitsbereiche berücksichtigt. (»Aus zehn Unternehmen sollte eines werden.«
»Wir brauchen eine Struktur, die Wachstum zulässt.«)

2.5.2 Der Beratungsprozess

Von Beginn an wird das Projekt komplementär aufgesetzt. Die Auftraggeber –
der Geschäftsführer und die HR-Verantwortliche – spiegeln Markt- und Pro-
zessverantwortung wider. Wir sorgen dafür, dass auch die interne Projektleitung – die OE-Verantwortliche und ein BL-Direktor – komplementär besetzt
werden, und natürlich verfügen auch wir im Beraterstaff über betriebswirtschaftliches und Prozess-Know-how. Eine bereichs- und hierarchieübergrei-
fende Steuergruppe soll das neue Strukturmodell in der Tiefe validieren und
Umsetzungsvorschläge entwickeln. In einer großen Gruppe (24 Personen!)
beginnen die unterschiedlichen Repräsentanten des Unternehmens das Modell
zu überarbeiten und miteinander auszuhandeln, auf welche Weise die Umsetzung des Organisationsmodells erreicht werden könnte.

Systemdiagnose und Rückspiegelung

Die zu Beginn durchgeführte komplementäre Systemdiagnose lässt schnell
erkennen, dass eine Vereinheitlichung der Strukturen keine leichte Aufgabe
sein wird. Tiefe Risse gehen durch das gesamte Unternehmen, die Integrati-
onsaufgaben nach den Zukäufen weiterer Firmen sind bisher unerledigt geblieben. Die Zentrale wird als »machtgierig« oder zumindest »übergriffig«
empfunden, die verschiedenen Funktionsbereiche lassen wenig Verständnis
für die Bedürfnisse des jeweils anderen Marktes erkennen. Die Businesslines
haben sich ihre Königreiche untereinander aufgeteilt, und viele Mitarbeiter
fühlen sich ihrer alten Marke mehr verhaftet als der neuen. Wir suchen ein
Modell, das auch weiterhin Selbstständigkeit zulässt und zugleich ermöglicht,
dass in relevanten Dimensionen gemeinsames Unternehmertum gelebt wird
– entsprechend dem Zukunftsbild, das aufgrund der Systemdiagnose entwickelt wurde (siehe Abb. 10).

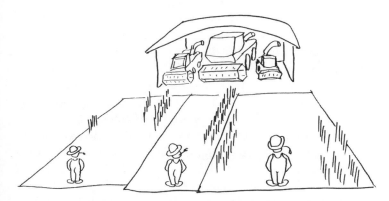

Abb. 10: Gemeinsames Unternehmertum bei gleichzeitiger Selbstständigkeit in unterschiedlichen Unternehmensfeldern

Bei der Roadshow, die zur Rückspiegelung der Ergebnisse der Systemdiagnose stattfindet, sind die Mitarbeiter zum Teil selbst erschrocken darüber, was sich die beiden Auftraggeber alles anhören müssen. Von »ausgequetschten Zitronen« ist da die Rede und von der Unkenntnis der Organisation bezüglich ihrer eigenen Fähigkeiten, aber auch von »erstickenden Verwaltungsprozessen«, die marktorientiertes Arbeiten mehr als nur behindern. Niemand weiß, was der andere tut und wofür wer verantwortlich ist. Nur darin, dass es allen schlecht geht, sind sich alle einig. Es heißt, das Unternehmen wachse ohne Steuerung, man laufe nur den zahlenmäßigen Resultaten des jeweiligen »regionalen Umsatzbeitrags« hinterher, einer solle jetzt endlich mal allen sagen, wo es langgehe. Man spricht von einem Führungsvakuum – das unserer Ansicht nach entstanden ist, da in dieser hierarchisch geprägten Firma den Exponenten die Wichtigkeit der Prozessdimension nicht bewusst ist und man sich daher seine Freiheiten in den zahlreichen »Silos« sowie einen eigenen direkten Zugang zur Machtzentrale der Holding bewahren kann.

Berufung der Steuergruppe

In dieses Vakuum wird nun eine Steuergruppe berufen, die den Auftrag bekommt, Entscheidungsvorlagen, wie die ISS künftig strukturiert und gesteuert werden sollte, zu entwickeln. Dazu gehören auch Fragen der Kundenzuordnung, der Gegenverrechnung usw. Die Gruppe spiegelt die gesamte Vielschichtigkeit der Organisation wider und ist hierarchie- und standortübergreifend zusammengesetzt – also ein Mikrokosmos des Gesamtsystems. Zur Überraschung vieler nehmen die Auftraggeber die Zusage, im weiteren Prozess die Steuerungsaufgabe der Steuergruppe zu überlassen, sehr ernst. Bis auf kleinere anfängliche Rückfälle gibt es von nun an weder Einzelaudienzen beim Chef – bisheriger Standard der Entscheidungsfindung – noch Vorgaben von oben und auch keine hinter verschlossener Tür entstandenen Entscheidungen.

Hier liegt wohl der erste große Umbruch in der Organisationskultur: Indem die beiden Auftraggeber die Steuergruppe damit betrauen, das Organisationsmodell zu verifizieren, ermöglichen sie es deren Mitgliedern (mit unserer Unterstützung) zu lernen, wie man Verantwortung für die Gestaltung einer neuen Struktur übernimmt. Dies dankt ihnen zunächst freilich niemand. Stattdessen knallt es in der Gruppe erst mal so richtig. Es geht vor allem um die Überforderung in der Rolle als Mitglied der Steuergruppe – gepaart mit einem heftigen Misstrauen gegenüber den anderen: Mächtige stoßen auf Nichtmächtige, Gewinner auf Verlierer, die Zentrale auf den Markt, Neue auf Alte, Wissende auf Unwissende, Experten auf Allrounder. Eine Teilnehmerin meint, es habe nicht viel gefehlt, und man wäre »aufeinander losgegangen«.

Erfolgsfaktor authentisch gelebte Komplementarität

In dieser ersten Phase der Unsicherheit, gepaart mit Ungeduld und Leistungsdruck, dienen wir natürlich zunächst als Projektionsfläche – man gibt uns die Schuld am ausbleibenden kurzfristigen Erfolg. Da wird auch unser komplementäres Beraterteam ganz schön durchgerüttelt! Es zeigt sich, dass die authentisch gelebte Komplementarität der entscheidende Erfolgsfaktor ist: Nur als Team, in dem wir einander in unseren jeweiligen Fähigkeiten (Fach-Know-how/Prozess-Know-how) professionell ergänzen, können wir dieses Projekt erfolgreich begleiten und sind echte Durchbrüche und ein guter Energie- und Resultatfluss möglich. Allerdings haben auch wir im Staff viele Konflikte auszuhandeln, die in erster Linie durch die unterschiedliche Ausrichtung (Fach/Prozess) bedingt sind. In diesem Projekt zeigt sich, dass wir es ohne komplementäres Zusammenwirken nie schaffen würden: Ohne das Fach-Know-how (bezüglich Betriebswirtschaft und Organisationsstruktur) hätten wir das Vertrauen des Kunden nicht dauerhaft gewinnen können, und ohne das Prozessverständnis (Konfliktmoderation, Intervention, Machtspiele) hätte uns die Steuergruppe gleich weggefegt.

Fachliche Kompensation

Eine entscheidende Phase findet gleich nach der Auftragsklärung statt: Hier ist differenziertes komplementäres Know-how gefordert, um sowohl fachlich sinnvolle Schritte als auch die passende Prozessarchitektur zu entwickeln. Die »Mächtigen«, die das ursprüngliche Organisationsmodell größtenteils entwickelt haben, haben sich mehrheitlich abwartend in die zweite Reihe zurückgezogen, und es steht die Frage im Raum, wem die harte Arbeit der Konkretisierung zuzutrauen und wie diese aufzuteilen sei. Wer es dann in der Steuergruppe wagt, sich dazu zu äußern, dem schlägt beißende Kritik entgegen – jede Wortmeldung steht auf einem strengen Prüfstand.

Aus fachlicher Sicht ist klar, was geschehen muss: Eine Netzwerkorganisation soll entstehen – integrierte Netzwerke sind die Wachstumsmodelle der Zukunft. Dazu müssen Prozesse und Verantwortlichkeiten der Organisation und entsprechend klare Rollen einheitlich definiert werden. Doch dazu gibt es in der Steuergruppe weder eine adäquate »Landkarte«, noch sind die unternehmenspolitischen Konsequenzen – in einer tendenziell eher strafenden und abwertenden Organisationskultur – abzusehen. Wir entscheiden uns folglich für eine Vorgehensweise, die wir professionell als »fachliche Kompensation« beschreiben würden: Nur durch hartes Ringen und Schieben – das uns hinterher von manchen auch als Manipulation vorgeworfen wird – können wir die Gruppe dazu bringen, die Hebelprojekte »Ablauforganisation«, »Aufbauorganisation« und »Kommunikation« zu definieren und dann auch mit starken Projektleitern und Mitgliedern zu besetzen.

In der Steuergruppe ist für die ihr übertragene Entscheidungsfunktion zu diesem Zeitpunkt weder ausreichendes BWL-Wissen noch die nötige Argumentationsfähigkeit vorhanden. Dies ist die erste harte Konfrontation mit der Notwendigkeit, mit dem Bisherigen Schluss zu machen, um von jetzt an anders weiterzumachen. Nach der Abrechnung und den Schuldzuweisungen kommt der Kompromiss: Die Hebelprojekte »Aufbauorganisation« und »Ablauforganisation« müssen nicht von Anfang an verzahnt arbeiten – ein hoher Preis für die grundsätzliche Zustimmung zur Wahl der beiden einander bedingenden Hebelprojekte. Wir sind der Steuergruppe nach wie vor dankbar, dass sie diese Lernaufgabe trotz aller Schwierigkeiten angenommen hat und in einem Maße daran gewachsen ist, das vorauszusagen wir nie gewagt hätten.

Hebelprojekte Aufbauorganisation und Ablauforganisation

Es braucht allerdings ein ganzes Jahr harter Arbeit, bis Prozessdenken (im Sinne des Geschäfts- wie auch des Kommunikationsprozesses) und Rollenverantwortlichkeit so weit entwickelt sind, dass die Aufgaben der Aufbau- und Ablauforganisation wieder vernetzt und so im Unternehmen etabliert werden können. Letztlich ist es dem Engagement der Projektleiter und den Mitgliedern der Hebelprojekte zu verdanken, dass die Steuergruppe doch noch hervorragende Arbeiten leistet – sie setzen nämlich auf die größte Stärke der Organisation: die Diskussionsfähigkeit und Präzisionsliebe ihrer Mitarbeiter. Selbst wir sind überrascht, wie viel vor allem die Hebelprojekte in kurzer Zeit an Profil und an Lösungsfähigkeit gewinnen können.

In intensiven Fachdiskussionen – unter Berücksichtigung der unterschiedlichen Perspektiven – können auch schwierige Themenfelder bearbeitet und Fragen aufgeworfen werden. Z. B.: Warum gehen Mineralwasserproben verloren? Welche Verantwortung haben die Labors? Wie schaffen wir es, simple interne Telefonbücher mit Funktionen einzuführen? Wie vereinheitlichen wir die IT-Systeme? Die an den Ausarbeitungen beteiligten Personen werden sozusagen zu Garanten für Vertrauenswürdigkeit, und so sieht sich auch die Steuergruppe in ihrer Gesamtheit zunehmend in der Lage, Entscheidungen zu treffen, auch wenn einzelne Mitglieder nicht gerade Experten hinsichtlich der jeweiligen Thematik sind.

Das Hebelprojekt »Ablauforganisation« hat die Beteiligten ermutigt, die Mitarbeiter in halbstrukturierten Gruppeninterviews bezüglich des aktuellen Verlaufs der Organisationsprozesse zu befragen – das Vertrauen und die offenen Feedbacks sind überwältigend. Diese breite Unterstützung von den Kollegen und den Mitarbeitern der ISS ist ein entscheidender Schlüssel für den Erfolg des Hebelprojekts als Vorreiter der Steuergruppe, deren Zusammensetzung und Arbeitsweise in der Folge der gesamten Organisation als Modell dienen wird.

»Build our Boat«

Die Mitarbeiter geben dem Projekt den Namen BoB – »Build our Boat«: Statt der vielen kleinen Boote soll ein großes Boot für alle gemeinsam gebaut werden. Als Brücke zwischen den Booten und eine Weile auch als Steuermann fungiert die Steuergruppe – eine große Aufgabe, die neben dem täglichen Arbeitspensum bewältigt werden muss. Die kulturbildende Arbeit und parallel laufend die konkret-sachliche Basisarbeit des Gremiums führen anerkanntermaßen zu einem Prototyp vernetzter Zusammenarbeit: Mehr als 200 Mitarbeiter werden aktiv in die Projektarbeit eingebunden und können somit die neue Unternehmensstruktur mitgestalten. Mit einem hohen Maß an Eigenverantwortung und Engagement für das Wohl des gesamten Unternehmens entwickeln sie eine kollegiale Arbeitskultur, die im Dienst der Sache und frei von Machtstreben später die Basis für die weitere Entwicklung hin zu einer vernetzten Organisation bilden kann. Sie lernen, dass es einfacher ist, schwierige Entscheidungen durchzusetzen, wenn man diese vorher in Gruppen kooperativ erarbeitet hat.

Ein wichtiger und schwieriger Schritt ist die Einbindung der restlichen Organisation in die Aktivitäten des Projekts. Das Hebelprojekt »Kommunikation« sorgt für Transparenz und somit für Verständnis hinsichtlich der Vorgangsweisen. Als wir unsere Darstellung der Vernetzung von Ressorts und Businesslines vorstellen, erhalten wir spontane Zustimmung und Applaus. Ein »Meilenstein« ist geschafft.

Von der Validierung eines Prototyps der Organisationsstrukturveränderung bis hin zur praktischen Umsetzung der Neuerungen in der gesamten Organisation ist es ein weiter Weg. Die Implementierung der Ressortorganisation in der Linie dauert länger. Den Ressorts Sales, Customer Service, Produktmanagement und Produktion fällt es schwerer, ihren Platz im neuen Organisationsmodell zu finden, als den marktbearbeitenden Businesslines. Der Austausch zwischen den Ressorts bezüglich Rahmensetzung und Marktbearbeitung kommt zögerlich in Gang und wird erst realisiert, als dieses Zusammenspiel nach zweimaliger Umgestaltung der Geschäftsleitung auch von dieser gelernt und auch vorgelebt wird.

Der Grundgedanke des vernetzten Arbeitens bei klarer Definition der Verantwortlichkeiten bleibt trotz wiederholten Wechsels an der Unternehmensspitze bestehen, doch die Prozessdauer verlängert sich dadurch um ein halbes Jahr. Erst als auch die Ressorts von der neuen Geschäftsleitung in die Pflicht genommen werden, ihre rahmensetzenden Aufgaben mittels eines kooperativen Führungsstils – und unter Auflösung der hierarchisch übergeordneten Beziehungen – auf Augenhöhe einzubringen, kann das Prinzip der Vernetzung zwischen Rahmensetzung und Marktbearbeitung gelebt werden.

Vernetzte Unternehmenssteuerung in der Praxis

Heute funktioniert die vernetzte Steuerung des Unternehmens folgendermaßen: Pro Businessline gibt es ein »Transition-Team«, das für die Umsetzung der Marktbearbeitungsstrategie verantwortlich ist. Die Mitglieder sind quasi die Geschäftsleitung der Businessline, zugleich haben sie die Verantwortung in fachlicher Hinsicht und sind jeweils Mitglied der Ressorts Sales, Customer Service und Produktion. Diese Ressorts erarbeiten den unterstützenden Rahmen und die fachlichen Best Practices und implementieren diese über die Ressortarbeit in den Businesslines. Heute funktioniert der Dialog in beide Richtungen – von Businessline zu Ressort und umgekehrt. Somit werden tragfähige Lösungen im Laufe faktenorientierter Diskussionen erarbeitet. Die Geschäftsleitung wird nur zur Klärung von Eskalationsthemen eingebunden – und dies unter Vorlage bereits ausgearbeiteter Optionen inklusive einer Vor- und Nachteilsbeurteilung. Die Verantwortlichkeiten entlang der Kernprozesse sind geklärt, was die Agilität und Effizienz der Organisation deutlich erhöht. Das Bild ist nicht länger geprägt von terminbezogenen Abstimmungen im Notfall, vielmehr dient heute vorausschauende gemeinsame Planung als Grundlage für erfolgreiche Offerten.

Als Nächstes definieren wir die Verantwortlichkeiten der Supportprozesse in den Funktionen. Hier ist Arbeit liegen geblieben, insbesondere was das Dienstleistungsverständnis entlang der Wertschöpfungskette anbelangt. Gleich im Anschluss wird die Zusammenführung der vernetzten Organisation mit dem Strategieprozess erarbeitet. Der strategische Ausblick auf die nächsten fünf Jahre vermittelt der Organisation, in der inzwischen weitere entscheidende Personalwechsel stattfanden, weitere Prozesssicherheit und verzahnt das Struktur- und Kulturprojekt BoB nachhaltig mit dem Strategieprozess. Die Organisation scheint nun infolge des Projekts besser für Wachstum, aber auch für eine unsichere Zukunft gerüstet.

2.5.3 Was sagt der Kunde dazu?

Unser Auftraggeber – heute Managing Director – stellt fest:

»Man muss schon sagen, dass wir ein extrem komplexes System darstellen!

Ich sehe heute mit Freude, dass unsere neue Geschäftsleitung beginnt, richtig gut zu arbeiten. Es ist wirklich schön zu sehen, wie sich das verändert hat. Wir geben nicht so schnell auf, haken nach, überdenken die eigene Perspektive und finden gemeinsam Lösungen, die wir dann umsetzen. Wir sind zusammengewachsen. Das anspruchsvolle Projekt war ein Erfolg.

Wenn ich im Veränderungsprozess heute etwas besser machen wollte, so wäre es die Synchronisierung zwischen den Transition-Teams der Businesslines und der Ressortorganisation. Letztere begann mit der Arbeit rund sechs Monate nach den Transition-Teams, sodass sich diese zu sehr nur mit dem Alltagsgeschäft beschäftigten. Dann wurden Hausaufgaben zum Teil nicht rechtzeitig gemacht, was wiederum dazu führte, dass wir einige Rollenbilder bis zu drei Mal überarbeiten mussten.

Bei einem Veränderungsprojekt dieser Größenordnung würde ich heute darauf achten, dass die Unternehmerseite noch stärker in die Pflicht genommen wird. Es ist eine grundsätzliche Frage, zu welchem Zeitpunkt man den komplementären Ansatz zur Anwendung bringt. Wir hätten damit früher beginnen sollen. Verschiedene Veränderungsprojekte waren ja bereits gescheitert. Im Nachhinein haben wir dann festgestellt, dass einige Vorhaben nicht oder nur sehr schwer umsetzbar und einige wichtige Aspekte zur Gänze vernachlässigt worden waren. Des Weiteren wurden im Projektverlauf wichtige Teilaspekte der Hebelprojekte von Unternehmerseite ausgeklammert und im Hinterzimmer ausgearbeitet.

Es hätte weniger Zeit und Kraft gekostet, wenn wir auf Managementebene genügend Demut gezeigt hätten, um vielleicht die ein oder andere Entscheidung revidieren zu können und gleichzeitig mehr Vertrauen in die Steuergruppe zu investieren.

Was heute besonders nachklingt, ist die Erfahrung, dass es wichtig ist, auch in kritischen Situationen Dialogfähigkeit zu bewahren und über das unmittelbare Problem hinausgehend gemeinsam an Lösungen zu arbeiten. BoB ist für uns heute zu einer selbstverständlichen Arbeitsgrundlage geworden. Das Tagesgeschäft hat sich grundlegend verändert. Ohne komplementäres Vorgehen wären wir nicht so weit gekommen.«

2.5.4 Was haben wir daraus gelernt?

Neben den klassischen Erfolgsfaktoren wie der Unterstützung des Auftraggebers oder dem klaren Kontrakt etc. haben sich die folgenden Bedingungen als
besonders wichtig für den positiven Verlauf des Beratungsprojekts erwiesen:

- Es ist einfacher, über die *hard facts* als über die *soft facts* in das Projekt einzu-
  steigen.
- Die komplementäre Besetzung der externen wie der internen Projektlei-
  tung und des Staffs ist unverzichtbar.
- Struktur, Strategie und Kultur müssen im Verlauf des Prozesses eng ver-
  zahnt werden.
- Im Konzept muss dessen Umsetzung von Beginn an integriert sein.
- Die Neudefinition der Rollen muss mit dem Erarbeiten einer kooperativen
  Führungskultur Hand in Hand gehen.
- Die Steuergruppe muss quasi als Mikrokosmos den Makrokosmos des ge-
  samten Unternehmens abbilden.

2.6 Bereichsübergreifende Zusammenarbeit

Erfolgsfaktor für nachhaltige Veränderung

Ulrich Königswieser

Dieser Beitrag beleuchtet die Bedeutung der bereichsübergreifenden Zusammenarbeit für den Unternehmenserfolg und für das Gelingen eines Change-Projekts. Im hier beschriebenen Fall geht es um eine Umstrukturierung, die der Prozessorientierung mehr Gewicht verleihen soll.

Befragt man Manager und Mitarbeiter bezüglich der Bedeutung bereichsübergreifender Zusammenarbeit in Unternehmen, wird rasch beteuert, wie wichtig diese sei. In der Praxis liegen jedoch Anspruch und tatsächliches Verhalten leider weit auseinander. Die primäre Ursache dafür liegt in der meist kurzfristigen Optimierung im Sinne individueller Ziele oder Bereichsinteressen. Diese stehen mit den übergreifenden Gesamtunternehmenszielen meist im Widerspruch. Im Zweifelsfall wird der Bereichsmanager nicht auf Kosten seines eigenen Bereichs für das Gesamtunternehmen tätig sein wollen (Silo-Denken). Das ist auch verständlich – immerhin haben ja Arbeitsteilung und Spezialisierung unserer Gesellschaft zu viel Wohlstand verholfen. Der Prozess der Individualisierung – und somit der Desintegration – schreitet weiter voran. Es ist daher nicht verwunderlich, dass der Teamgedanke in unserer schulischen Ausbildung eine untergeordnete Rolle spielt. Erst in der Berufswelt setzen wir uns mit dem Konzept der übergreifenden Zusammenarbeit im Team auseinander. Dabei müssen wir erkennen, dass die Reife der Gruppe und der gekonnte Umgang mit Konflikten wichtige Voraussetzungen für gute Teamarbeit sind. Das aber ist ein Lernprozess.

Wo in der Organisation wird die ausdifferenzierte Arbeitsteilung wieder integriert? Der Blick für das Ganze und die Verbindung der einzelnen Elemente zu einer Gesamtheit – einem Produkt, einer Dienstleistung etc. – wird häufig als Aufgabe und Verantwortung des Topmanagements gesehen. Das ist aber für die Integration aller Prozesse und Ideen, die sich quer durch die Funktionen der Organisation ziehen, bei weitem nicht ausreichend. Erschwerend kommt hinzu, dass sich das Topmanagement in zunehmendem Maß den Erwartungen der externen Stakeholder verschreibt und sich von der Verantwortung für das Unternehmen oft distanziert. Das könnte allerdings auch eine Chance für die zweite Ebene sein, dieses Vakuum zu füllen und das notwendige nachhaltige unternehmerische Handeln zu übernehmen.

Anhand des folgenden Beispiels soll beschrieben werden, wie wir in einer Kultur des Silo-Denkens einen Restrukturierungsprozess so gestalten, dass die langsame Entwicklung der Fähigkeit zu bereichsübergreifender Zusammenarbeit als Hebel für den Erfolg des Unternehmens wirkt.

2.6.1 Situation und Anforderung

In einer großen europäischen Produktionsstätte soll nach Maßgabe der Konzernzentrale der Standort in zwei Produktionseinheiten und in eine Supporteinheit restrukturiert werden. Mithilfe der Redimensionierung in kleinere Einheiten sollen sich zielgemäß die Produktionslinien den Marktbedürfnissen besser anpassen, und eine prozessorientierte Organisationsstruktur soll effizienteres Arbeiten ermöglichen. Da aus einer Einheit drei werden, erhöht sich in der Folge die Anzahl der »externen« Schnittstellen, was wiederum eine besonders gute übergreifende Kooperation erfordert. Unser Auftrag lautet, zunächst die Konzeptionsarbeit – bis zum ersten Tag der Einführung der neuen Organisationstruktur – beratend zu unterstützen und gegebenenfalls die Umsetzung bzw. die Verankerung der neuen Struktur zu begleiten.

Wir übernehmen die Verantwortung dafür, dass mithilfe unserer Begleitung das »Scharfschalten« der neuen Organisationsstruktur (Tag 1 und danach)
ohne Unregelmäßigkeiten oder größere Störungen über die Bühne geht. Obwohl noch nicht feststeht, in welchem Umfang wir in der Umsetzungsphase
(nach der Einführung) beauftragt sein werden, betrachten wir unseren Ansatz
gemäß Konzeption und Umsetzung als zusammenhängenden Prozess. Für die
gut einjährige Konzeptionsphase werden dem Projekt fünf Vollzeitmitglieder
zugeteilt. Diese bilden als Kernteam gemeinsam mit weiteren Teammitgliedern, die etwa 30 bis 50 Prozent ihrer Zeit in das Vorhaben investieren, das
Projektteam, das wir beraten und begleiten. Wir stellen unser komplementäres Know-how hinsichtlich der Gestaltung von Veränderungsprozessen, der
Methodik zur Geschäftsprozesserhebung und der Steuerung von Organisationen – im Sinne eines »General Management« – zur Verfügung.

Die Unternehmung ist, wie schon erwähnt, von Silo-Denken geprägt.
Konflikten wird zu diesem Zeitpunkt möglichst aus dem Weg gegangen. In
der Systemdiagnosephase zeigt sich, dass der Qualitätsanspruch extrem hoch
ist, was zwar für den Produktionsprozess sehr hilfreich, aber bezüglich der
angestrebten Art der Zusammenarbeit nicht effizient ist. Hierdurch wird
nämlich der Aufwand da, wo auch weniger Perfektionismus ausreichen würde
– etwa bei der Form der Präsentationserstellung, Formalismen etc. – überdi-
mensional hoch. Das informelle Netzwerk funktioniert einwandfrei – viel
besser als die formelle Kommunikation. Kaizen ist auf der operativen Ebene
bereits in der Umsetzung und umfasst dabei vorwiegend die technischen Produktionsprozesse und noch nicht so sehr die übergreifenden Arbeitsprozesse.

Die neue Struktur wird auch als Beitrag zur Konfliktlösung verstanden, da
durch die Schaffung neuer Verantwortungsbereiche und Zuständigkeiten be-
stehende Konflikte auf der persönlichen Ebene entschärft werden sollen. Herausfordernd kommt hinzu, dass der Auftraggeber als Teil des Steering Committee – aufgrund seines umfangreichen Aufgabenfelds auch außerhalb des
Standorts – für das Projekt nicht immer zu Verfügung steht. Das Topmanagement als Auftraggeber ist sich seiner Vorbildfunktion bewusst, die Wirkung
seiner Entscheidungen wird in der Organisation aber oft unterschiedlich
wahrgenommen. Die strategischen Rahmenbedingungen, die wichtige Indi-
katoren hinsichtlich der erforderlichen Struktur liefern müssen, sind zwar in
den Köpfen einiger weniger Schlüsselpersonen vorhanden, aber nicht vereinheitlicht bzw. noch nicht transparent genug.

2.6.2 Intervention und Auswirkung

Teamentwicklung

Sobald kundenseitig feststeht, wer Teil der Projektgruppe sein wird, beginnen wir mit der Teamentwicklung: Wir machen die Mitglieder mit Ansatz und Methodik unserer Vorgehensweise vertraut, vereinbaren Regeln der Zusammenarbeit, bauen die Vertrauensbasis aus und legen kurze Zeit später mit einem arbeitsamen, vergnügten und gut kooperierenden Hochleistungsteam los. Die Teammitglieder vernetzen ihr Fachwissen und entwickeln das von uns zur Verfügung gestellte methodische Wissen bezüglich Prozesserhebung und -darstellung, Projektvorgehensweise, Entscheidungsprozedere, Kommunikation etc. in kürzester Zeit weiter. Die von uns vorgeschlagenen Instrumente und möglichen Schritte für die Erhebung und Darstellung der Ist-Prozesse (Prozessebenen und -bahnen etc.) werden vom Team aufgenommen, vereinfacht und den jeweiligen Organisationsgegebenheiten entsprechend adaptiert.

Ein Teammitglied, das gerade seinen MBA absolviert, lässt sein Wissen nahtlos in das Projekt einfließen und animiert seine Kollegen, sich anhand einschlägiger Literatur noch intensiver mit der Materie zu befassen. Der Teamgedanke verfestigt sich, das Engagement und der Wissensstand des Projektteams nehmen so rasant zu, dass wir aufpassen müssen, die Organisation nicht »abzuhängen«.

Systemdiagnose

In der Analysephase erhebt das Projektteam die derzeitige Prozessstruktur und ihre hervorstechendsten Stärken und Schwächen im Hinblick auf mögliche Verbesserungen im Zuge der Neustrukturierung. Wir Berater identifizieren parallel dazu, und zwar in Form einer Systemdiagnose, welche strukturellen und kulturellen Faktoren die Entwicklung einer übergreifenden Zusammenarbeit eher fördern bzw. behindern. Auf der Strukturseite wird Folgendes deutlich: Die Führungsspannen sind in einigen Bereichen zu groß, in anderen wiederum zu klein. Das Anreizsystem ist in keiner Weise auf Teamarbeit ausgerichtet. Im Topmanagement spielen gemeinsame Ziele unterschiedlicher Standorte eine nur untergeordnete Rolle. Lern- und Verbesserungsprozesse sind zwar schon aufgesetzt, aber noch nicht gefestigt und vorwiegend auf technische Produktionsprozesse ausgerichtet. Auf der Kulturseite stellen wir fest: Eine stark ausgeprägte Qualitäts- und Vorsichtskultur verhindert einen guten Umgang mit Konflikten. Fehler gilt es zu vermeiden oder zu verdecken, anstatt diese als Lernchance gemeinsam zu nutzen. Bereichsdenken erschwert eine übergreifende Kooperation und begünstigt Einzeloptimierungen. Es gibt viele unterschiedliche Führungsstile, aber kein übergreifendes Führungsverständnis. All das ist natürlich einer bereichsübergreifenden Zusammenarbeit nicht zuträglich.

In den Steering-Committee-Sitzungen des Auftragsgremiums entsteht gleich zu Beginn eine eigene Symbolik: Wir entfernen in der Regel die Tische für die Meetings – als Signal für eine offene und ebenbürtige Kommunikation. Da jedoch das Sitzen in einem Stuhlkreis von vielen Teilnehmern als eher irritierend denn als nützlich empfunden wird, nehmen wir die gewohnte Sitzordnung wieder auf. Hier wird deutlich, welche Logiken aufeinanderstoßen und wie schmal der Grat zwischen konstruktiver Verstörung des Kundensystems und Verlust der Anschlussfähigkeit des Beratersystems ist.

Erfolgsfaktoren damals, heute und in Zukunft

Zur Verdeutlichung, welche verhaltensrelevanten Faktoren bisher im alten Geschäftsmodell, in der Übergangszeit (etwa ein Jahr nach der Einführung) und in Zukunft (neues Geschäftsmodell in gelebter Neustruktur) erfolgskritisch sind, formulieren wir Erfolgsfaktoren, die uns und der Organisation Orientierung bezüglich dessen, was bisher funktional war und was in Zukunft verstärkt werden müsste, bieten. Hier ein Auszug daraus:

Geschäftsmodell vor der Restrukturierung	Konzept- und Umsetzungsphase	Geschäftsmodell für die Zukunft
Produktionsorientierung	Produkt-/Marktorientierung (Strategische Orientierung)	Marktorientierung
Optimierung der Einzelbereiche	Gesamtoptimierung	Geeigneter Umgang mit dem Widerspruch »Gesamtoptimierung versus Bereichsoptimierung«
Konfliktmanagement: gering	Konfliktmanagement: hoch	Konfliktmanagement: mittel

Abb. 11 Erfolgsfaktoren für das Geschäftsmodell

Zwei Erfolgsfaktoren scheinen uns für die neue Struktur und für eine bereichsübergreifende Zusammenarbeit besonders relevant und müssen noch entwickelt werden:

- die gemeinsame, proaktive und einheitenübergreifende Optimierung von Prozessen sowie
- der Umgang mit Fehlern (statt Schuldzuweisungen zu machen, soll gemeinsam aus falschem Verhalten, Fehlentscheidungen, Pannen etc. gelernt werden).

Konzeptionierung der Soll-Struktur

Bei der Konzeptionierung der Soll-Struktur müssen wir die derzeitige Situation des Unternehmens sowie die Anforderungen für die Zukunft in gleicher Weise berücksichtigen – ähnlich einem Architekten, der bei der Planung eines Gebäudes, das möglichst vielen Wünschen des Kunden gerecht werden soll, Terrain, Lage, Klima etc. in seine Überlegungen mit einbeziehen muss. Wir wählen also die Prozessorganisation als die Strukturform, die den künftigen Anforderungen an das Unternehmen am dienlichsten und für dieses auch tatsächlich umsetzbar ist. Das Ziel, die Produktion ausreichend auf den Markt hin zu orientieren und die Effektivität von Entscheidungen sowie die Effizienz in der Zusammenarbeit zu optimieren, hängt somit sehr stark davon ab, ob sich die Führungs- und Unternehmenskultur in Richtung der Miteinbeziehung anderer in die Entscheidungsfindung weiterentwickeln lässt und ein besserer Umgang mit Konflikten gefunden wird.

Die Wahl der »richtigen« Struktur stellt uns immer wieder vor große Herausforderungen. Eine Struktur, die in hohem Maße auf Prozesse ausgerichtet wäre, würde zwar eine größere Anpassung der Unternehmenskultur erfordern, aber eine optimale Umsetzung der Projektziele ermöglichen. Hingegen würde eine geringere Ausrichtung der Struktur auf Prozesse zwar das Potenzial, die vorgegebenen Ziele zu erreichen, verringern, aber die Umsetzung vereinfachen, da die Unternehmenskultur kaum verändert werden müsste. Die Einheiten hätten nämlich auch weiterhin möglichst große Entscheidungs- und Handlungsspielräume.

Bewertungskriterien für Strukturvarianten

Anhand von Bewertungskriterien legen wir dem Steering Committee Strukturvarianten zur Auswahl vor, wobei die Konsequenzen der jeweiligen Entscheidungen immer transparent bleiben. Die Kriterien umfassen unter anderem:

- Kosteneinsparungen,
- Auswirkungen auf Headcount,
- Qualität der Serviceerbringung,
- Komplexität der Organisation,
- Adaptionsfähigkeit/Flexibilität,
- Grad der Veränderung,
- bereichsübergreifende Zusammenarbeit,
- Anforderungen an Kommunikation,
- Führung,
- Konfliktmanagement und
- Fehlerkultur.

Transition-Teams

Sobald aufgrund der Strukturüberlegungen absehbar ist, welche Form der bereichsübergreifenden Zusammenarbeit künftig notwendig ist – also etwa zur Mitte der Konzeptphase –, binden wir die wichtigsten Führungs- und Schlüsselkräfte in sogenannte Transition-Teams ein, informieren diese über den Projektstatus, die Zielsetzung der Veränderung und darüber, welche Verhaltensweisen in der neuen Struktur besonders erfolgskritisch sein würden. Wir wählen diese Form der Intervention, da die Führungskultur noch nicht ausreichend auf Prozesse und übergreifende Zusammenarbeit ausgerichtet ist. Wir sind aber darauf angewiesen, bei den Schlüsselpersonen möglichst rasch Verständnis für die neue Art der Kooperation in der neuen Struktur zu finden.

Hier zeigt sich deutlich, dass in der operativen und direkten Kooperation eine neue Art der Zusammenarbeit geübt werden muss, aber auch, dass es schwierig sein wird, das Führungsverständnis und die Führungskultur in Hinblick auf übergreifende Zusammenarbeit zu verändern. Da auch kritisch Gestimmte zu den Workshops eingeladen sind, wird für die Teilnehmer erlebbar, wie wir mit unterschiedlichen Sichtweisen umgehen. Wenn es Kritik an den vorgeschlagenen Strukturvarianten gibt, hören wir gut zu und überlegen, was wir als relevant erachten, tauschen uns dazu aus, geben entsprechende Begründungen ab und lernen gegebenenfalls gleich dazu, was wir als Projektteam als Nächstes berücksichtigen sollten. Dieser Modus, mit konflikthaften Situationen umzugehen, wird nach Einführung der neuen Struktur von allen Beteiligten beherzigt werden müssen. Die Workshops bieten somit schon einen kleinen Vorgeschmack darauf, wie man bereichsübergreifende Zusammenarbeit gut meistern kann – für viele ein Aha-Erlebnis.

Personalauswahlprozess

Nachdem die angestrebte Struktur endgültig gefunden und verabschiedet ist, planen wir einen transparenten Personalauswahlprozess. Die richtigen Personen an die richtigen Stellen zu setzen ist erfolgsentscheidend. Die vordefinierten Anforderungsprofile dienen als erstes Screening. Kandidaten, die ähnliche Profile aufweisen, werden in moderierten Entscheidungskonferenzen zur Diskussion gestellt und nach weiteren klaren Kriterien ausgewählt, wobei Leistung und Qualifikation im Vordergrund stehen, damit der Einfluss des informellen Netzwerks auf ein akzeptables Niveau reduziert wird.

Aufgrund der Tatsache, dass aus einer Einheit nun drei gebildet werden, entbrennt ein Kampf um Ressourcen. Wer bekommt das beste Personal? Anhand dieser Herausforderung können die Leiter der Einheiten schon proben, was übergreifende Kooperation im Sinne des Gesamtziels bedeutet. Bis auf wenige Ausnahmen – ganz ohne Konflikte geht es nicht – erfährt der Auswahlprozess jedoch positive Resonanz und trägt bereits zur Entwicklung einer neuen Führungs- und Unternehmenskultur bei.

Nahtstellenworkshops

Etwa zwei, drei Monate vor Einführung der neuen Struktur, als klar ist, welche Personen welche Funktionen bekleiden werden, können wir zwecks Feindefinition der Aufgaben und Verantwortlichkeiten in den neuen Teams – und insbesondere an den Schnittstellen – die ersten Nahtstellenworkshops durchführen. Hier wird im »Trockentraining« das gemeinsame Verständnis hinsichtlich der übergreifenden Zusammenarbeit definiert. Nahtstellen, die für die Neustruktur besonders erfolgskritisch sind (sogenannte A-Nahtstellen), werden prioritär in ein bis zwei Tagesworkshops behandelt. Für Nahtstellen der Kategorie B oder C genügen oft kürzere Workshops oder ein Meeting mit den Beteiligten. Innerhalb der folgenden Monate werden weitere Nahtstellenworkshops durchgeführt, um aufgrund erster Erfahrungen aus der Zusammenarbeit die »Service Level Agreements« (SLA) zu bestätigen bzw. den sich erst jetzt erweisenden Erfordernissen anzupassen.

Es zeigt sich, dass die exakte Definition der SLA sowie der Verantwortlichkeiten und Aufgaben überaus wichtig ist. Die Form, wie man miteinander kommunizieren, kooperieren und Entscheidungen treffen soll, kann jedoch nur im wechselseitigen vertrauensvollen Dialog mit den Schnitt- bzw. Nahtstellenverantwortlichen entschieden werden.

Die neue Struktur geht in die Umsetzungsphase

Vor der »Scharfstellung« ist im Team leichte Nervosität spürbar, doch die Einführung der neuen Struktur ist dann auf allen Ebenen ein voller Erfolg. Die Produktionsprozesse laufen reibungslos. Der Auftraggeber ist hoch zufrieden und sieht ein paar Wochen nach der Einführung die Arbeit des Projektteams als so gut wie abgeschlossen.

Wir Berater sind zwar über den erfolgreichen Start auch erfreut, nicht aber darüber, dass wir nicht auch den Umsetzungsprozess begleiten können, da sich die neuen Strukturen im Unternehmensalltag erst noch ausreichend entfalten müssen und die angestrebten Ziele erfahrungsgemäß erst in ein bis zwei Jahren realisierbar sind. Wir fürchten, dass ohne weitere Change-Arbeit alte Muster bald wieder die Oberhand gewinnen würden und die mühsam implementierte Struktur später dann sogar als eher hinderlich denn als förderlich empfunden werden könnte. Und somit würden letztlich auch die Effektivitäts- und Effizienz-Ziele nicht erreicht werden. Leider erweist sich unsere Befürchtung als durchaus begründet und der Erfolg als nicht nachhaltig.

Der erste Ruck in Richtung alter Strukturen vollzieht sich etwa neun Monate später. Die bereichsübergreifende Zusammenarbeit entwickelt sich zu langsam. Aufgrund drängender Qualitätsanforderungen sind aber rasch wichtige Entscheidungen zu treffen, und diese Notwendigkeit führt dazu, dass zum Teil auf Entscheidungsmuster, die sich in der alten Struktur bewährt haben, zurückgegriffen wird. Die Devise lautet: Lieber die Gefahr kurzfristig bannen als langfristig an nachhaltigen Lösungen arbeiten – Wasser auf die Mühlen derer, die der Umstrukturierung gegenüber kritisch eingestellt sind.

2.6.3 Was macht hier den Unterschied zu ausschließlicher Fach- bzw. Prozessberatung?

Wir versuchen auch in diesem Projekt, von Beginn an Inhaltliches mit Prozessualem zu verbinden. Das Projektteam agiert im Kern als Expertenteam, während im erweiterten Projektteam die »Stimmen« aus der Organisation offen ihre Resonanz zum Projektverlauf und zum Stand der Dinge verlauten lassen. Die frühzeitig durchgeführte Teamentwicklung des Projektteams wirkt sich nicht nur förderlich auf die Entscheidungsprozesse und die Qualität der Inhalte aus, sondern auch auf die Form der übergreifenden Zusammenarbeit und die dafür notwendige Haltung. Der Umgang mit Konflikten sowie das Verständnis für Führung und Feedbackprozesse können so schon im kleineren Kreis entwickelt und verfeinert werden. Es geht also nicht nur um besseres Verstehen, sondern auch darum, kurzfristig gute Ergebnisse zu erzielen und längerfristig Kompetenzen für eine prozessorientierte Arbeitsweise zu erlangen, was sowohl die inhaltliche als auch die Beziehungsebene betrifft. So gesehen kann man die Prinzipien, die für das Projektteam gelten, eins zu eins auf die gesamte neue Struktur anwenden und auf diese Weise die erforderlichen Kompetenzen und Verhaltensmuster etablieren. Mithilfe guter übergreifender Zusammenarbeit wird das Ziel (ein qualitativ hochwertiges, bestmöglich umsetzbares Konzept zu erstellen) erreicht. Die prozessorientierte Organisationstruktur ermöglicht die Art der Zusammenarbeit, wenn Mitarbeiter und Führungskräfte die dafür nötige Einstellung und entsprechende Qualifikationen bereits in ausreichendem Maß entwickelt haben. Dann sind auch die mit der Strategie verknüpften mittelfristigen Ziele (Kostenreduktion, Flexibilität, Geschwindigkeit der Entscheidungsfindung, Marktorientierung etc.) erreichbar.

In der Analysephase verzahnen wir die Prozesserhebung mit der Systemdiagnose, indem wir uns mit dem Projektteam in der Erhebung laufend abstimmen und die Ergebnisse wechselseitig validieren bzw. ergänzen. Wir erhalten somit ein ganzheitliches Bild der Organisation, das sowohl strukturelle als auch kulturelle Aspekte beinhaltet und wichtige Aufschlüsse darüber gibt, welche Bereiche die Strukturänderung bereits umfasst (sozusagen im sichtbaren Teil des Eisbergmodells) und welche latenten Themen erst noch miteinbezogen werden müssen.

Die klare Definition der Erfolgsfaktoren für das alte und neue Geschäftskonzept inklusive der Übergangszeit verdeutlicht stets, wo Handlungsbedarf besteht, und legitimiert die zur Strukturumsetzung notwendigen Maßnahmen auf der Verhaltensseite. Diese Handlungskriterien fließen in die Bewertung der Szenarien mit ein und zeigen auf, welche Change- und Qualifikationsmaßnahmen zu treffen sind. Zudem tragen sie zur Konkretisierung der Profilanforderungen im Personalauswahlprozess bei.

Die Bewertungskriterien spielen also bei der Entscheidung für die »optimale« Organisationsstruktur eine wesentliche Rolle, da sie nicht nur quantitative, sondern auch qualitative Anforderungen berücksichtigen.

Der Personalauswahlprozess ist ein gutes Beispiel dafür, dass das Wie (Ablaufgestaltung, Haltung bezüglich Entscheidungsfindung, Konfliktfähigkeit, übergreifendes Denken, Fairness etc.) dem Was (Aufgaben der infrage kommenden Personen) immer einen Schritt voraus ist und somit nicht eindeutig klar ist, was davon die *hard facts* bzw. die *soft facts* repräsentiert.

Mithilfe der Nahtstellenworkshops können wir die übergreifende Zusammenarbeit in besonderer Weise entwickeln. Wir besprechen anhand konkreter Inhalte, die unter anderem die Festlegung von Aufgaben, Verantwortlichkeiten und Kompetenzen umfassen, den »Klebstoff« der Nahtstelle, nämlich die Arbeitsbeziehung selbst: Das betrifft etwa die Einstellung der Beteiligten zueinander, das vorherrschende Vertrauensniveau, die Art und Weise, wie man mit Feedback umgeht und wie man aus Fehlern gemeinsam lernen kann.

Insgesamt wird allen klar, dass das integrierte Konzept eine Lösung ermöglicht, die nicht nur betriebswirtschaftlich optimal ist, sondern auch die höchste Akzeptanz findet – das Ergebnis passt zur Kultur.

2.6.4 Was sagt der Kunde dazu?

»Retrospektiv lässt sich dazu sagen: Das Vorgehen aufgrund des strategischen Auftrags lief korrekt ab. Der Projektansatz war perfekt und richtig. Die Mitarbeiter wurden anfangs gut mitgenommen. Das Projekt kippte allerdings, als das Engagement des Topmanagements nachließ, da dieses, wie sich zeigte, zu wenig hinter dem Prozess stand.

Die Geschäftsstrategie musste etwa ein Jahr später wieder justiert werden und orientiert sich aufgrund von Marktveränderungen heute wieder mehr am Produkt. Strukturell fand nach dem Projekt ein Ruck in Richtung Zentralisierung statt. Prozessori-

entierung steht heute nicht länger im Vordergrund. Eine Kulturveränderung fand nur marginal statt. Da der komplementäre Ansatz auf den Fähigkeiten und Ressourcen der Führungskräfte und Mitarbeiter aufbaut, verlangt dies vom Topmanagement erhöhte Bereitschaft, Aufgaben zu delegieren, und verstärkte Konzentration auf die strategische Steuerung.

Im Projektverlauf wäre eine kürzere Phase für eine weniger detaillierte Ist-Analyse und dafür eine längere für die Personalauswahl hilfreich gewesen, da die sensiblen Abstimmungs- und Auswahlprozesse ausreichend viel Zeit benötigen. In dieser Phase kristallisierte sich auch heraus, inwieweit bereits eine kooperative Kultur gelebt wurde.

Die in der Konzeptionsphase in Richtung Kulturveränderung gesetzten Akzente erweckten mehr Hoffnungen und Erwartungen als später erfüllt werden konnten, was bei vielen Mitarbeitern Enttäuschungen verursachte. Kulturveränderung war zwar als langfristige Entwicklung angelegt, wurde aber nicht fortgeführt. Die Implementierungsphase hätte begleitet werden sollen.«

2.6.5 Was haben wir daraus gelernt?

Wir hatten einen Auftrag für die Konzept-, nicht jedoch für die Umsetzungsphase, doch wir hofften, unsere Arbeit fortführen zu können. Das entsprach aber nicht der Realität. Wir lernten, dass es nicht genügt, das »beste inhaltliche Konzept« anzusteuern. Es ist auch zu kurz gegriffen, vor allem die »optimale Umsetzung« im Auge zu haben. Es geht um die »bestmögliche, optimal umsetzbare und umgesetzte Lösung«!

Das Projekt zeigt, dass die bereichsübergreifende Zusammenarbeit zwar ein zentraler Erfolgsfaktor bezüglich der optimalen Umsetzung einer prozessorientierten Organisationsstruktur ist, dass aber veränderte Strategien und Machtkonstellationen Projektziele und Erkenntnisse relativieren.

2.7   Mergers & Acquisitions

Wie gewonnen, so zerronnen ...

Patricia van Overstraeten und Marion Keil

2.7.1 Situation und Anforderung

Ein börsennotiertes deutsches Technologieunternehmen beschließt, eine seiner Produktsparten – mit mehr als 3 000 Mitarbeitern weltweit – zu verkaufen. Der Käufer ist ein amerikanischer Gigant, der global tätig ist und durch Zukäufe permanent wächst. Allerdings verlief die Integration der zugekauften Unternehmen während der letzten zehn Jahre nicht erfolgreich. Grund genug für den deutschen Verkäufer, sich während des Carve-out-Prozesses (der Ausgründung von Unternehmensteilen) externe Unterstützung zu holen, um der Führung und den Mitarbeitern der zum Verkauf stehenden Sparte und der Newco-Gesellschaft (der Übergangsgesellschaft, die für die Zeit zwischen Bekanntgabe des Verkaufs, dem Signing und der tatsächlichen Übernahme durch den Käufer, dem Closing, neu gegründet wurde) einen guten Integrationsstart im amerikanischen Konzern zu ermöglichen.

2.7.2 Interventionen und Auswirkung

Da das deutsche Verkäuferunternehmen K & N kennt, kommt Mitte September der Anruf des internen Projektleiters. Er bekommt von uns zur Erstinformation zwei unserer Artikel zum Thema M & A und die Profile des potenziellen komplementären Beraterstaffs, dessen Mitglieder alle M & A-Erfahrung haben.

Es folgen mehrere Telefonkonferenzen zwischen dem internen Projektleiter und uns Beratern. Das Bild der Ausgangslage zeichnet sich immer schärfer, die Anforderungen immer klarer ab. Bei jedem Termin findet ein guter Austausch statt, das Vertrauen wächst. Der interne Projektleiter hat viel komplementäres Wissen und Erfahrung, er ist mit unserer Art von Interventionen vertraut – ein Glücksstreffer!

Pitch und Zieldefinition

Wir bereiten den Pitch-Termin vor. Teilnehmer sind das Newco-Board (Leitungsgremium), der Newco-HR-Leiter, der interne Projektleiter der Verkäufergesellschaft (unser bisheriger Gesprächspartner) und die interne Newco-Projektleiterin, die wir erst kennenlernen müssen. Da das Board international besetzt ist, wird selbstverständlich englisch gesprochen.

Den Pitch-Termin nehmen wir ausnahmsweise zu dritt wahr, alle drei mit M & A-Erfahrung – ein wichtiger Türöffner, berichtet der interne Projektleiter später. Ein Staffmitglied ist ein sehr guter Coach für Topmanager, auch in besonders schwierigen Situationen. Ein anderer ist ein Finanzexperte und schafft es, die Newco-CEO inhaltlich zu überzeugen. Die veröffentlichten *hard facts* des US-Käufers und des deutschen Verkäufers werden von uns detailliert analysiert und ausgewertet. Nach dem Closing (dem rechtlichen Abschluss und dem juristischen Inkrafttreten des Vertrags) wird der uns bekannte interne Projektleiter der Verkäufergesellschaft von der Newco-Projektleiterin abgelöst.

Beim Pitch-Termin läuft alles nahezu perfekt. Die bereits vorhandene fachliche M & A-Expertise wird unsererseits mit einer »sehr systemischen Haltung und Vorgehensweise« kombiniert. Die Teilnehmer lassen sich darauf ein, in einem Stuhlkreis zwei Stunden gemeinsam an folgenden Fragen zu arbeiten: Wie sieht die Ausgangslage aus? Welche Ziele sind bis zum Ende des Projekts zu erreichen? Ist das, was wir bislang verstanden haben, auch die Intention des Newco-Boards?

Drei wesentliche Ziele werden genauer definiert:
1. die Weiterentwicklung einer eigenen Newco-Identität innerhalb des neuen Konzerns,
2. die Teamentwicklung mit dem Newco-Leitungskreis und
3. die Arbeit an einer »Interaktion« mit dem neuen Eigentümer zwecks struktureller und kultureller Newco-Integration.

In einem Reflecting Team unterziehen wir die gemeinsame Arbeit einer wertschätzenden, aber auch kritischen Beurteilung. Es bleibt noch ein wenig Zeit, um unser Konzept der Prozessarchitektur zu diskutieren und mit einer Feedback-Runde abzuschließen. Die Auseinandersetzung in diesen zwei Stunden war sehr intensiv, und alle haben das gute Gefühl, dass diese Zusammenarbeit passen könnte!

Stotternder Projektstart

Schließlich bekommen wir Ende November den Zuschlag für den Beratungsauftrag. Die beiden anderen Anbieter der Shortlist waren entweder zu fachlich oder zu »soft«. Zehn Tage später starten wir das Projekt mit dem bisherigen internen Projektleiter, der neuen Projektleiterin und dem Leiter HR: Die Basis für die Zusammenarbeit wird gemeinsam besprochen und festgelegt. Die Zusammenstellung der Steuergruppe, die Systemdiagnose und erste Quick-Win-Workshops sollen schnellstmöglich geplant und durchgeführt werden. Das Unternehmen steht unter extremem Leistungs- und Zeitdruck.

Das Newco-Board hat vorerst keine Zeit für ein gemeinsames Treffen. Ein Startschuss-Workshop mit den Schlüsselpersonen, um sich gemeinsam auf die Roadmap (den Projektplan) zu einigen, soll gerade noch vor Weihnachten stattfinden. Sehr kurzfristig wird auch dieser Termin abgesagt und vorerst ist kein neuer in Sicht. Da das Closing für Anfang Februar vorgesehen ist und vertragliche Komplikationen auftauchen, bekommen wir auch im Januar kein Zeitfenster für den Start der gemeinsamen Arbeit mit der Steuergruppe und dem Newco-Board oder für die Durchführung der Systemdiagnose. Obwohl der Vertrag mit uns unterschrieben ist, gibt es keinen Termin.

Langsam werden wir skeptisch und fragen uns, ob wir von der Newco-Führung überhaupt noch erwünscht sind. Wir schwanken zwischen zwei Polen: Einerseits haben wir Verständnis dafür, dass das Kundensystem zeitlich völlig überlastet ist und nicht weiß, was es als Erstes machen soll. Andererseits merken wir, dass das verschleppte Loslegen den Druck erhöht und uns die Zeit davonläuft.

Systemdiagnose

Nach dem Closing finden von Anfang Februar bis Anfang März endlich die Einzel- und Gruppeninterviews für die Systemdiagnose statt. In Deutschland geschieht dies an zwei Standorten vor Ort – mit telefonischer Zuschaltung von Mitarbeitern aus weiteren Standorten. Für die ausländischen Standorte sind Videokonferenzen angesetzt, die dann aber aus technischen Gründen nicht stattfinden. Stattdessen werden Telefoninterviews durchgeführt.

Das Ergebnis der Systemdiagnose ist deutlich: Die Organisation fühlt sich orientierungs- und führungslos. Auffällig viele Mitarbeiter stehen am Rande des Burn-out. Eine Änderung der Situation ist vorerst nicht in Sicht. Und dennoch macht die Belegschaft seit Jahren immer wieder weiter, geht voll Begeisterung ihrer Arbeit nach, denn man ist trotz allem stolz darauf, ein Teil dieses Unternehmens zu sein. Aber der Newco-CEO hätte gern alles immer »noch schneller« und »noch besser« und »noch mehr…«

Es ist eine wachsende Kluft zwischen dem Topmanagement und den Mitarbeitern festzustellen. Die Führungsmannschaft bleibt für die Mitarbeiter eher unsichtbar. Als wir durchaus schonend versuchen, dem Board anhand der Systemdiagnose »einen Spiegel vorzuhalten« und auf die möglichen Muster der Organisation hinzuweisen, ist keine wirkliche Bereitschaft vorhanden, gemeinsam mit dem Topmanagement diese Themen aufzugreifen und daran zu arbeiten. Das Topmanagement fühlt sich auf einer sehr persönlichen Ebene »gekränkt«. Es reagiert abwehrend: »Sie sollten doch nicht mit uns, sondern mit den Mitarbeitern arbeiten!« Der Versuch, aus einer Metaperspektive gemeinsam einen kritisch-analytischen Blick auf das Unternehmen zu werfen, misslingt nicht nur – vielmehr findet er gar nicht erst statt.

Projektabbruch

Noch bevor das Projekt richtig beginnen kann, wird es abgebrochen. Begründung: »Wir haben wenig Zeit für solche Themen!« Was haben wir übersehen? Was hat zu dieser Situation geführt? Was hätten wir anders machen können?

Aufgrund der Schnelllebigkeit der Branche und des immensen Zeitdrucks während des Carve-out hätten wir im Beraterstaff noch genauer überlegen müssen, welcher Schritte es wann unbedingt bedarf und auf welche wir eventuell verzichten können. Sollen wir die Steuergruppe bereits mitten in der »heißen« zweiten Phase und noch vor dem Closing installieren – oder erst nach dem Closing und der Rückspiegelung der Systemdiagnose? Wollen wir schon zu Beginn anregen, die neue US-Muttergesellschaft in die Workshops zu integrieren, oder ist es sinnvoller, sie erst nach drei Monaten ins Boot zu holen und den Anfang bewusst nur mit der Newco zu gestalten?

2.7.3 Was sagt der Kunde dazu?

Wir sprachen mit der Newco-Projektleiterin über ihre Sichtweise auf das Projekt.

Weshalb haben Sie sich für K & N entschieden?

>*Die Wahl fiel uns leicht. K & N hat sich sowohl beim Pitch als auch im mitgebrachten Konzept am intensivsten auf uns als Kundensystem eingestellt. Unsere spezifischen Bedürfnisse wurden rasch verstanden und aufgegriffen. Wir fühlten uns sehr gut aufgehoben. Es ergab sich das Bild vom maßgeschneiderten Anzug, der uns passte.«*

Wie kam der Auftrag zustande?

>*Die Initiative kam vom ursprünglichen internen Projektleiter, aber motiviert waren wir alle, auch das Newco-Board. Allerdings fehlte – vermutlich infolge der Vielfalt der Carve-out-Themen – die nötige Leidenschaft, um auch konsequent an der Integration dranzubleiben.*

>*Wenn ich – mittlerweile mit einer gewissen Distanz – zurückschaue, wird mir klar, dass auch unsere Newco-CEO dieses Projekt wollte, allerdings gab es noch zu viele offene interne Fragen – vor allem in Bezug auf unsere Identität. Wie lange wollten wir diese bewahren und wie viel davon würden wir wie schnell aufgrund der Vorgaben des neuen Mutterunternehmens aufgeben müssen oder wollen?*

>*Wir tauschten uns zwar als interne und externe Projektleiter intensiv darüber aus, was wir machen wollten und wie wir vorgehen sollten, aber wir nahmen uns zu wenig Zeit für die gemeinsame Ausarbeitung konkreter Pläne und die Abstimmung mit dem Board.«*

Was lief Ihrer Meinung nach »falsch«?

»Obwohl im Pitch klar gesagt worden war, dass die Berater mit ihrer Arbeit bei der Führung beginnen würden und in ihrem Konzept Vorstandscoachings an erster Stelle standen, schien diese Botschaft nie wirklich angekommen zu sein.

Inzwischen ist einige Zeit vergangen. Dennoch ist dieses Thema nach wie vor äußerst herausfordernd. Die Mitarbeiter sollen begleitet werden, das Topmanagement aber eher nicht! Das Board sah sich immer als eine Art Steering Committee (Entschei-dungsgremium), das zwar imstande war, Entscheidungen zu beeinflussen, aber nicht in der Lage (oder nicht gewillt) war, an sich selbst zu arbeiten, was jedoch auch sehr wichtig gewesen wäre. Das Board wurde schließlich neu zusammengestellt, und die Mitglieder mussten sich sowohl miteinander als auch jeder für sich unter komplett veränderten Rahmenbedingungen in die neuen Rollen fügen.«

Welches waren für Sie die wichtigsten Erkenntnisse?

»Dass die US-Mutterorganisation nicht der Auftraggeber dieses Projekts war, womit wir uns – systemisch gesehen – am meisten im Weg standen. Ich habe sehr viel über das Wesen von Organisationen erfahren, und es war dies für mich ein sehr spannen-der und herausfordernder Lernprozess.«

Welches Resümee können Sie abschließend ziehen?

»Veränderungen brauchen Zeit, aber auch Struktur und Ordnung. Unterstützende Maßnahmen wie Versammlungen für alle Mitarbeiter, Q & A (Questions & Answers) und Open Sessions sind wichtig, um den Carve-out-Prozess zu begleiten. Der ei-gentliche Change-Prozess – im Sinne von Wertewandel etc. – findet viel später statt. Dazu benötigt man ein Führungsteam, das bereits zu einer tatsächlich kooperieren-den Gemeinschaft zusammengewachsen ist und gemeinsame Werte hat – etwas, das noch heute bei unserem Vorstand wenig Gehör findet und ein passendes Thema für die gemeinsame Arbeit mit K & N gewesen wäre.«

2.7.4 Was haben wir daraus gelernt?

Die folgenden für diesen Beratungsprozess charakteristischen Situationen ha-ben uns nachdenklich gemacht. Wir betrachten die daraus gewonnenen Er-fahrungen als Schlüsselfaktoren für Projekte im Bereich M & A.

- Während der Akquisephase geht es primär um den Zuschlag. Hier auch Risiko- und Erfolgsfaktoren zu diskutieren wurde an die nächste Ebene delegiert. Somit war es uns nicht möglich, mit dem Kundensystem gemeinsame Entscheidungen darüber zu treffen, wie mit Abweichungen und Risiken in der Prozessbegleitung und Zielerreichung umzugehen sei.
- Ohne ein gemeinsames Basisverständnis ist eine Zusammenarbeit nicht möglich. Bereits in der Akquisephase hätten wir deutlicher auf die in den unterschiedlichen Prozessphasen möglicherweise auftretenden Risiken, die folglich nötige Beratungsstruktur und die dafür erforderliche Zeit hinwei-

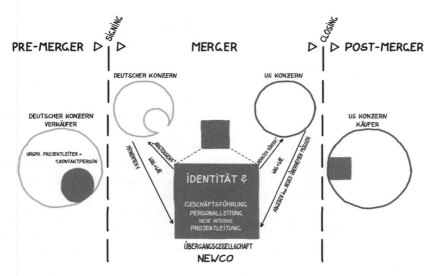

Die Integration in den neuen US-Konzernen soll bereits in der PRE-MERGER-Phase mit der Identitätsfrage auf 3 Ebenen starten:

- Eigendynamik der Organisation („unsichtbar"): Kultur, (Un)Sicherheiten, Ängste, Markenwert, Kraft der Marke, Anziehungskraft ...
- Geschäftsdynamik („sichtbar"): Arbeitsprozesse, Strategie, Struktur ...
- Persönliche Dynamik (bewusst + unbewusst): Rolle, Macht, Haltung, Werte, Zusammenarbeit ...

Abb. 12: Soll-Architektur eines komplementär begleiteten M & A-Projekts

sen sollen. Wir hätten vorweg über den Umgang mit den Risiken sprechen müssen, die zentrale Steuerungsrolle des Boards klarmachen und auf dieser bestehen müssen.

- Wer ist der Auftraggeber? Ab dem Signing (der öffentlichen Bekanntmachung des Kaufs/Verkaufs und dem Ende der Pre-Merger-Phase) der M & A-Transaktion muss der Käufer unser Auftraggeber sein – und nicht länger der Verkäufer. In diesem konkreten Fall hätte die neue Muttergesellschaft der K & N-Beauftragung vermutlich aber nicht zugestimmt, da sie ihre M & A-Integrationen ausschließlich von eigenen internen Beratern begleiten lässt.

- Die K & N-Beauftragung fand inmitten der heißen Phase zwischen Signing und Closing statt – also zu spät (vgl. Jochum/van Overstraeten, 2006). Mit einer nachhaltigen Integrationsbegleitung beginnt man sinnvollerweise vor dem Signing und beendet sie lange nach dem Closing (und dem Start der Post-Merger-Phase).

  Für die Zeit zwischen Signing und Closing bzw. Day 2 (sechs Monate nach Day 1) sind ausschließlich Ad-hoc-Workshops zu empfehlen, da alle Schlüsselpersonen in dieser Phase hauptsächlich auf fachliche Themen konzentriert sind.

- Der eklatante Zeitmangel bei den Schlüsselpersonen machte es unmöglich, mit diesen in unserem Sinne zu arbeiten. Diese Zusammenarbeit (nebst jener mit Mitarbeitern aus der gesamten Organisation) ist aber für unsere Arbeit unabdingbar. Das gilt auch für M & A-Transaktionen.

- Bei der komplementären Arbeit darf man auf systemische Prinzipien nicht verzichten! Wenn sich bereits beim Pitch herausstellt, dass dies aus bestimmten Gründen nicht gewollt ist, sollte man das Projekt gar nicht erst annehmen.

- Schlüsselrollen spielen die interne Projektleitung und das Berater-Kunden-System (BKS): Der Wechsel von der – aus systemischer Sicht – sehr erfahrenen zu einer diesbezüglich eher unerfahrenen Projektleitung erfordert die Investition von viel Zeit, um ein vertrauensvolles BKS aufbauen zu können. Das fand zu spät statt.

- Für eine gute komplementäre Beratungszusammenarbeit sind eine gemeinsame Sprache und gegenseitiges Vertrauen unentbehrlich.

- Die verschiedenen Phasen eines M & A-Prozesses bedürfen unterschiedlicher Beratungskompetenzen. In der heißen Phase lag die volle Konzentration der Newco auf den harten Fakten. Da bei M & A-Transaktionen meist ein extremer Mangel an qualifiziertem M & A-Personal vorliegt, so auch hier, hätten wir einen K & N-Berater – wenn dies für uns auch ungewöhnlich gewesen wäre – beim Projektstart zwei bis vier Tage pro Woche vor Ort an dem Integrationsprojekt in der Fachberatung einsetzen sollen. Das hätte unsere Anschlussfähigkeit an das Newco-Board und den erfolgreichen Übergang zur systemischen Integrationsarbeit erhöht.

2.7.5 Ausblick

Nach wie vor ist es eine Tatsache, dass wir mit dem komplementären Ansatz bei Transaktionen im M & A-Bereich Neuland betreten, da hier die Fachexpertise der externen Berater zu Recht eine nach wie vor dominante Rolle spielt. Allerdings lässt die ausgeprägte Misserfolgsbilanz, die sich in Summe bei den Transaktionen ergibt, Zweifel an der Richtigkeit dieser Dominanz aufkommen.

Alle sagen zwar, Unternehmenstransaktionen, die nachhaltig erfolgreich sein sollen, verlangen von Anfang an (also bereits in der Pre-Merger-Phase) einen integrierenden Blick sowohl auf die Fakten als auch auf den Prozess (vgl. Glaser/Sollors, 2010) – aber diese Erkenntnis wird kaum umgesetzt.

2.8   Strategieprozess

Jeder für sich und alle gemeinsam

Patricia van Overstraeten und Uwe Scheutz

2.8.1 Situation und Anforderung

Die Raiffeisen-Banken-Gruppe Tirol (RBGT) hat Königswieser & Network (K & N) im Juli 2007 für die Begleitung des Projekts »Strategie 2012« ausgewählt.

Die RBGT besteht aus 81 unabhängigen Primärbanken (Raibas) und einer Landesbank (RLB). Eigentümer der Landesbank sind die Primärbanken. Die Tiroler Raibas sind unabhängig und selbstständig, das heißt, sie folgen einer politischen Logik. Diese unterschiedlich großen Banken sind seit mehr als 125 Jahren regional stark verankert und werden in hohem Maß wertorientiert als eigenständige Unternehmen geführt. Aufgrund des wachsenden Wettbewerbs am Markt möchte die Gruppe künftige Kooperationsformen prüfen und die Ausarbeitung einer gemeinsamen RBGT-Strategie in Angriff nehmen.

Dr. Hannes Schmid, CEO der RLB und Sprecher der RBGT-Gruppe:

> *»Weshalb wir uns für komplementäres Vorgehen mit K & N entschieden haben? Die Erwartungen im RBGT-System gingen in zwei Richtungen: Zum einen wollten wir mit Beratern arbeiten, die über Bankenstrategie Bescheid wissen. Zum anderen sollte unser Entschluss, weder eine Expertenrunde zusammenzutrommeln noch dem System ein elitäres Beraterkonzept überzustülpen, sondern alle im System zu erreichen, zum Tragen kommen.«*

Systemdiagnose

Wie zu Beginn eines K & N-Projekts üblich, führen wir erst einmal eine Systemdiagnose durch: In ganz Tirol finden Einzel- und Gruppeninterviews mit knapp 300 »Mächtigen« – Führungskräften, Mitarbeitern, Funktionären und Kunden aus den Primärbanken, der Landesbank und dem Verband – statt.

Bei der Auswertung der Interviews wird uns im Beraterstaff klar, dass das System RBGT zu diesem Zeitpunkt noch nicht in der Lage ist, als Gruppe gemeinsam am Thema »Zukunft und Strategie« zu arbeiten. Aus unterschiedlichen Blickwinkeln und unabhängig voneinander lassen die Befragten ein Bild entstehen, das einen deutlichen Mangel an gegenseitigem Vertrauen – und folglich auch an Kooperationsbereitschaft – offenbart. An Metaphern hören wir: »Turmbau zu Babel; Pferdefuhrwerk mit 82 Pferden, die alle in verschiedene Richtungen ziehen; Schrebergartenwirtschaft.« Am überraschendsten ist jedoch die Tatsache, dass die Angst vor Autonomieverlust eine ganz zentrale Rolle spielt: Die Unabhängigkeit »um jeden Preis« ist für viele der Beteiligten fast wichtiger als die Wirtschaftlichkeit. Kooperation gilt als Tabu. Wir haben es mit einem politischen System zu tun.

Dr. Schmid:

> *»Die Systemdiagnose war die erste wichtige systemische Intervention, da sie uns bewusst machte, dass es uns weniger an fachlichen Strategien mangelte, sondern vielmehr an Klarheit darüber, inwieweit wir ein Unternehmen bzw. ein Netzwerk sind und was das hinsichtlich Führung und Steuerung bedeutet.«*

Der Unterschied zwischen den Steuerungsprinzipien von Organisationen und Netzwerken ist sehr groß. Während in Organisationen hierarchische Strukturen, Verträge und feste Koppelung charakteristisch sind, sind Netzwerke durch Beziehungen, Werte, mehrere Machtzentren sowie durch lose Koppelung bestimmt. Organisationen kann man steuern und führen, Netzwerke dagegen muss man der Selbststeuerung überlassen, man muss Beziehungen pflegen und Überzeugungsarbeit leisten.

Rückspiegelung in Großgruppenveranstaltungen

Der Grundtenor der Interviews wird in drei Großgruppenveranstaltungen, zu denen alle Interviewten eingeladen sind, zurückgespiegelt. Die Teilnehmer bestätigen größtenteils unsere Eindrücke und die daraus abgeleiteten Annahmen, wenn auch mit Erstaunen.

Der Auftraggeber ist bei der ersten Rückspiegelung darüber enttäuscht, wie weit die Ist-Analyse von seiner Vorstellung des Soll-Zustands abweicht. Bei den weiteren Rückspiegelungen verstehen alle dann schon besser, wie extrem lokal verwurzelt das RBGT-Netzwerk/System ist und dass das Wachsen in diesem hybriden Gebilde bislang hauptsächlich über viele politische Umwege lief.

Der ursprüngliche K & N-Auftrag – die Begleitung des Strategieprozesses RBGT 2012 – wäre zu diesem Zeitpunkt die reinste Verschwendung von Zeit, Energie und Geld. Als Konsequenz aus der Systemdiagnose empfehlen wir daher, zuerst das Thema Vertrauen zu bearbeiten, um eine Basis für die künftige gemeinsame Arbeit zu schaffen.

Anfangs kommen auf die Rückspiegelung der Systemdiagnose Reaktionen wie: »Was soll uns das bringen, ein Bild aus der Vergangenheit zu besprechen? Das sind doch leere Kilometer!« Aber mit einer gewissen Distanz wird die Systemdiagnose als Momentaufnahme verstanden, und es wird nicht länger diskutiert, ob sie richtig oder falsch sei. Es wird klar, dass die Veränderungen in den verschiedenen Subeinheiten im jeweils adäquaten Tempo vollzogen werden müssen. Dies zu akzeptieren und zugeben zu können, dass es sehr unterschiedliche Ziele und Rahmenbedingungen gibt, entschärft sozusagen das Dynamit und ermöglicht eine Deeskalation der Diskussion. Die Akteure stellen fest: »Okay, so ist es! Und was können wir jetzt gemeinsam tun, um das RBGT-Gebilde, das halb Organisation und halb Netzwerk ist, sinnstiftend voranzubringen?«

Projektarchitektur und mühsamer Projektstart

Aus der Systemdiagnose heraus entwickelten wir folgende Architektur.

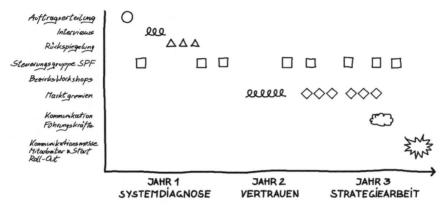

Abb. 13: Architektur zum Strategieprozess

Somit beginnt ein mühsamer Prozess wachsenden Vertrauens. Was in der Vergangenheit zu Schwierigkeiten führte, wird zur Sprache gebracht und gemeinsam bearbeitet. Allerdings bleiben wir zum Teil eher an der Oberfläche.

Dr. Schmid:

>*Manchmal war ich innerlich verzweifelt: Wenn ich versuchte, eine bestimmte Entwicklung mit Druck voranzutreiben, folgt eine Erstarrung im System; wenn ich hingegen bewusst eine eher beobachtende Position einnahm, kam die Aufforderung, doch endlich zu sagen, wie es weitergehen könnte. Mit dieser Rollenvielfalt als Treiber, Anschaffer und Begleiter war ich nicht glücklich. Ich musste es aushalten, mit Kraftaufwand bestimmte Pläne vorwegzunehmen und zugleich ohne Resignation und mit viel Geduld den Prozess gedeihen zu lassen.«*

Durchbruch mit paradoxer Intervention

Auch für uns Berater ist es nicht einfach – wir treten auf der Stelle. Im Frühjahr 2008 beschließen wir daher, in einen Workshop ein Ausstiegsszenario einzubauen, da nichts Wesentliches vorangeht und wir den Eindruck haben, dass Teile des Systems nicht wirklich an einer gemeinsamen Arbeitsfähigkeit interessiert sind. Doch mithilfe einer paradoxen Intervention gelingt uns ein wichtiger Durchbruch: Wir signalisieren auf der Sektorplattform (SPF), dass wir die Beratung beenden werden, da die Ziele nicht erreicht werden können. Autonomie hat Priorität.

Die SPF-Teilnehmer werden durch diese Intervention wachgerüttelt, und man fragt, ob wir nicht doch noch einen gemeinsamen Versuch wagen wollten. Auf einmal ist seitens des Kundensystems die Bereitschaft vorhanden, mehrtägige Workshops durchzuführen – wobei das gemeinsame Übernachten als gezielte Intervention seine Wirkung zeigt. Auch bei zwanglosen Gesprächen beim Abendessen und an der Bar können einige Missverständnisse ausgeräumt werden. Das Vertrauensniveau wächst.

Dr. Schmid:

> *»Die Berater wollten aus dem Projekt aussteigen. Das war eine starke Intervention und hat uns sehr beeindruckt. Ich habe mir als CEO und Prozesstreiber die Frage gestellt: Ist dieses System zu lebendig bzw. zu tot? Oder haben wir noch nicht die entscheidenden Hebel gefunden, die wir betätigen müssen, um etwas zu verändern?«*

Der Prozess gewinnt an Dynamik

Im Sommer 2008 werden in allen Tiroler Bezirken Informationsrunden organisiert, um bei den einzelnen Geschäftsleitern der Primärbanken die Bereitschaft für eine engere Zusammenarbeit zu untermauern. Diese redundanten Schleifen werden von der SPF als »Ehrenrunden« bezeichnet, sind aber essenziell. Es geht um Liquiditätsplanung, um Wettbewerbsanalysen, um Zinssätze, um Sektorstrukturen, um den sogenannten »Zukunfts-Check«, der zeigen soll, welche Bank nicht überlebensfähig ist (Messkriterien für Wettbewerbsfähigkeit). Es geht um den Verteilungsschlüssel der Dividende, um den Verwaltungsaufwand infolge von Basel III und weitere heikle Themen der Zusammenarbeit.

Die Lehmann-Pleite in September 2008 bringt zusätzlich Dynamik in den Prozess und verleiht den Teilnehmern der Steuergruppe (hier SPF) neuen Schwung.

Der Wunsch nach möglichen Lösungen wird immer dringlicher, und zugleich wächst das Gefühl, dass sich eine gemeinsame Kraftanstrengung lohnen könnte. Ein weiteres Jahr gemeinsamer Diskussionen ist nicht drin.

Die Eckpfeiler der Zusammenarbeit, die »Haller Leitplanken« – Ergebnis eines Workshops in Hall in Tirol – finden bei allen SPF-Teilnehmern Zustimmung und werden im Sinne der Umsetzung gemeinsam unterschrieben. Mit diesen »Grundregeln der Zusammenarbeit« ist die wichtigste Hürde genommen und der Durchbruch zur klassischen Strategiearbeit geschafft. Man denkt und handelt im Interesse der eigenen Bank, aber auch der gesamten Gruppe.

Ein Teilnehmer macht das in einem Bild deutlich:

»Wir waren wie eine Gruppe von Schrebergärtnern, die infolge von Trockenheit gezwungen waren, eine gemeinsame Wasserleitung zu bauen und für einen breiten Weg jeweils etwas Grund abzugeben. Ohne verbesserte Beziehungen wäre das aber nie gelungen!«

Der Weg zur Umsetzung ist frei

In Dezember 2009 wird die gemeinsame Arbeit mit K & N vorerst abgeschlossen. Im Februar 2010 findet eine Strategiemesse statt, bei der alle interessierten Mitarbeiter der RBGT-Gruppe sich über das Thema Strategie und deren Umsetzung informieren können: Der Implementierung vor Ort steht nichts mehr im Wege!

Dr. Schmid:

»Der eigentliche Durchbruch manifestierte sich für mich bei der internen Strategiemesse, wo die Mitarbeiter sich mit großem Interesse und Begeisterung als ›lernendes System‹ informierten.«

2.8.2 Kurzanalyse der Intervention – Worin besteht hier der Unterschied zu reiner Fach- bzw. Prozessberatung?

Ein Fachberater hätte den Strategieprozess angestoßen, ohne zu Beginn eine fundierte Systemdiagnose durchzuführen. Somit wäre das Thema Vertrauen – in diesem Kundensystem der Schlüssel für die Zusammenarbeit – neben anderen latenten Themen nicht explizit auf den Tisch gekommen.

Vermutlich wäre der Strategieprozess nie richtig in Schwung gekommen, da die Kollegen der Primärbanken das Projekt – trotz der Möglichkeit, es aktiv mitzugestalten – als auferlegte »Konzernstrategie« wahrgenommen hätten. Motivation und Mitverantwortung vor Ort wären größtenteils nicht vorhanden gewesen und die Strategie sehr wahrscheinlich bloß auf dem Papier geblieben.

Dr. Schmid:

> »K & N war auf den ersten Blick der externe Partner, der am wenigsten Strategiearbeit versprach und vielmehr die Denkweisen des Systems erweitern wollte. Dass wir uns dennoch für K & N entschieden, war – retrospektiv gesehen – ein Glücksstreffer.«

Im Frühjahr 2012 setzt die RBGT den Prozess – diesmal unter dem Motto »Strategie 2017« gemeinsam mit K & N fort. Ziele sind Zukunftsfähigkeit, Besinnung auf die Werte der Raiffeisengenossenschaft, sinnstiftende Identitätsarbeit, Wettbewerbsfähigkeit.

2.8.3 Was sagt der Kunde dazu?

Dr. Schmid:

> »Die RLB setzt sich infolge des gemeinsamen Prozesses mehr mit ihren Eigentümern, den Primärbanken, auseinander. Seitdem herrscht mehr Klarheit darüber, was die RLB und die Primärbanken in Hinkunft gemeinsam machen wollen und was man weiterhin jeweils im Alleingang machen will. Zwischen vielen Primärbanken und der RLB entwickelte sich persönliches Vertrauen – was die Verlässlichkeit spürbar erhöht. Es entstand eine Diskussionskultur mit klaren Regeln. Sicherlich gibt es noch die Skeptiker, auch die ›Schwerverletzten‹ aus der Vergangenheit, aber das System insgesamt ist durch dieses gegenseitige Vertrauen erstarkt.

> Auf Bundesebene sprechen wir als RBGT immer mehr wie aus einem Mund. Da diese Aufgaben größtenteils von Mitarbeitern, die am Strategieprozess beteiligt waren, getragen werden, sind wir inzwischen in Österreich zu einer Meinungsmacht geworden.

> Viele – auch tiefgreifende – Veränderungen werden auf die Bankenwelt zukommen. Man wird lernen müssen, auch mit Reduktion und geringem Wachstum umzugehen – ein Unterschied zum Gewohnten, ein Bruch mit dem bisher Gelebten und Gehabten, auch für Raiffeisen. Den großen Konzernbanken wird das häufig hierarchisch

verordnet. In unserem netzwerkartigen Gebilde muss diese Haltung aber selbst entwickelt werden.

Ich möchte spüren können, dass wir uns gemeinsam – aber auch jeder für sich – Schritt für Schritt immer mehr einer prozessorientierten, kooperierenden strategischen Denkweise annähern.«

Herr Wass, interner Projektleiter des Prozesses:

»So etwas hat es noch nie gegeben. Wir haben jetzt eine echte Chance auf eine Kultur-Evolution. Speziell die Großveranstaltungen waren als Formate perfekt.«

2.8.4 Was haben wir daraus gelernt?

- Die Systemdiagnose bleibt ein entscheidendes Interventionselement, auch wenn der fachliche Auftrag offenbar ganz klar ist und die Zeit drängt.
- Ein Thema wie Strategie verlangt in jedem System mehr als die rein fachliche Abarbeitung. Zu Beginn eines Strategieprozesses herrschen immer äußerst heterogene Verhältnisse in Bezug auf die Vorstellungen, die Wissenslage und das Prozessverständnis der Beteiligten. Zusätzlich werden in der Zukunftsdiskussion automatisch Themen wie Macht und Positionierung im Unternehmen angestoßen. Geht man auf diese nicht ein, bleibt die Strategiearbeit theoretisch.
- Zu Beginn eines Strategieprozesses sollte eine gute Vertrauensbasis vorhanden sein. Ist das nicht der Fall, muss zuallererst das nötige Vertrauen gemeinsam aufgebaut werden.
- Netzwerke, Organisationen und Hybriden brauchen jeweils andere Beratungsformate.

2.9 Komplementäre Staffarbeit

Die Kraft der Resonanzen nutzen

Eva-Maria Preier und Adrienne Schmidtborn

2.9.1 Situation und Anforderung

Die Arbeit im Beraterstaff ist ein essenzielles Element unserer Projekte. Dies gilt in besonderem Maß für die Komplementärberatung: Die Staffarbeit umfasst weit mehr als nur die organisatorische Vor- und Nachbereitung unserer Interventionen im Kundensystem. Sie hilft uns, den Blick auf das Kundensystem zu schärfen und die Qualität unserer Arbeit während des gesamten Projekts zu sichern, indem Architektur- und Designelemente immer wieder an die aktuellen Bedürfnisse beim Kunden angepasst werden. Wir besprechen Aufgaben- und Rollenverteilungen und verzahnen das im Staff vorhandene fachliche Wissen mit dem Prozess-Know-how. Zu diesem Zweck reflektieren wir regelmäßig, was gerade im Klientensystem, aber auch bei uns im Beratersystem passiert, da Letzteres häufig die Dynamiken, die sich beim Kunden ergeben, widerspiegelt.

Dieses »Mitschwingen« des Beratersystems mit dem Kundensystem nennen wir Resonanzphänomen: Stimmungen und Befindlichkeiten, Spannungen und Konflikte, die beim Kunden vorhanden sind, übertragen sich auf die Berater. Das kann sich in einem schwankenden Energielevel der Berater bei der Staffarbeit, aber auch in Konflikten innerhalb des Staffs äußern. Gelingt es, diese latenten Resonanzen in der Staffarbeit offenzulegen und zu klären, erreicht man einen guten Einblick in prozessfördernde bzw. -hemmende Dynamiken im Klientensystem. Man braucht einiges an Professionalität und Fingerspitzengefühl, um mit Resonanz im Staff zu arbeiten und die daraus gewonnenen Einsichten an den Kunden zurückzuspiegeln. Nur allzu leicht kann ein Gefühl des Ertapptseins oder des Bloßgestelltwerdens entstehen, was zu Widerstand und nicht zu Klärung führt.

Im Rahmen der Staffarbeit durchlaufen wir immer wieder die systemische Schleife – wir sammeln unter Berücksichtigung der Fach- wie der Prozessperspektive Informationen, bilden dazu Hypothesen und planen auf dieser Basis die Interventionen, die beim Kunden vor Ort durchgeführt werden sollen.

Eben diese Verzahnung von Fach- und Prozessperspektive ist das Besondere der komplementären Staffarbeit. Die große Bandbreite der Perspektiven in einem komplementär zusammengesetzten Beraterteam kann ein wichtiger Erfolgsfaktor sein, stellt uns aber auch immer wieder vor schwierige Herausforderungen. Denn in der Phase der Informationssammlung und Hypothesenbildung führt die Perspektivenvielfalt zu einer Fülle an Informationen, was auf der einen Seite eine gewisse Sicherheit bringt, dass man nichts Wichtiges übersehen hat, auf der anderen Seite muss man aber innerhalb kurzer Zeit die so entstandene Komplexität zielgerichtet wieder reduzieren. Wenn es um die Planung der Interventionen geht, muss man unterschiedliche Zielvorstellungen hinsichtlich des Was und des Wie miteinander abgleichen und sich darüber einigen, welcher Kompensationsbedarf besteht. Insbesondere die unterschiedlichen Perspektiven – schnelle Zielerreichung und Optimierung einerseits, andererseits nachhaltige Entwicklung – sind ständige Widersprüche, die es auszubalancieren gilt.

Wenn mit der Umsetzung der Maßnahmen begonnen wird, besteht eine der Herausforderungen im unterschiedlichen Selbstverständnis von Fach- und Prozessberatern. Als sehr förderlich, um diesen Herausforderungen erfolgreich begegnen zu können, hat sich – neben der unbedingt notwendigen gegenseitigen Wertschätzung und Loyalität innerhalb des Staffs – eine gemeinsame Beraterausbildung erwiesen, die hilft, eine einheitliche Sprache zu entwickeln. Somit kann beim Kunden das unterschiedliche Know-how im Sinne einer optimalen Kompensation genutzt werden, und in der Staffarbeit lassen sich die unterschiedlichen Perspektiven dann leichter integrieren.

2.9.2 Die Intervention und ihre Auswirkung

Zwei Beispiele aus der Praxis sollen illustrieren, wie unsere Staffarbeit konkret aussehen kann.

Beispiel 1: Standortbündelung in der Bankenbranche

Um das Kerngeschäft unseres Kunden aus der Bankenbranche im Hinblick auf künftige Herausforderungen strategisch neu aufzustellen und die Wettbewerbsfähigkeit zu sichern, werden die Aktivitäten an drei Standorten gebündelt. Von diesen Maßnahmen sind mehr als 1 000 Mitarbeiter betroffen – sei es durch Umzug oder Stellenstreichung.

Die Systemdiagnose zeigt, dass die bisherigen Maßnahmen sowie die Kommunikation dieses schwierigen Projekts wenig Erfolg zeitigten. Es besteht eine große Kluft des Misstrauens zwischen dem Vorstand auf der einen Seite und den Führungskräften und Mitarbeitern auf der anderen Seite. Erstere können nicht verstehen, warum ein solch sinnvolles Projekt nicht auf Zustimmung stößt. Letztere fühlen sich übergangen und vom Unternehmen verstoßen, ihrer »Heimat« beraubt. Führungskräfte und Potenzialträger sind auf dem Absprung. Die Mehrzahl der Führungskräfte und Mitarbeiter sieht nur noch den Scherbenhaufen, aber keine Zukunft mehr.

Das Resonanzphänomen im Beraterteam

Diese Strömungen zeigen sich bei der Auswertung der Systemdiagnose als **Resonanzphänomen** auch in unserem Staff – es kommt zum Konflikt: Auf der einen Seite stehen die Berater, die Interviews mit dem Topmanagement geführt und die betriebswirtschaftliche Relevanz im Fokus haben. Einer unserer Fachberater bekräftigt, dass das Projekt für das Gesamtsystem wichtig sei, damit dieses global bestehen könne, und dass der damit einhergehende Personalabbau, der vom Topmanagement bisher nicht offen besprochen wurde, notwendig sei, damit das Projekt sich bezahlt machte. Auf der anderen Seite stehen jene Berater, die vorwiegend Führungskräfte und Mitarbeiter interviewt haben und der Meinung sind, so könne man keinesfalls mit Menschen umspringen, denn diese Vorgehensweise führe dazu, dass auch gute Mitarbeiter und Schlüsselkräfte schon jetzt nicht mehr zu halten seien. Es werden sogar Stimmen laut, die dafür plädieren, das Projekt nicht weiterzuführen, da wir als Berater ohnehin nichts mehr ausrichten könnten und uns »unethischen Verhaltensweisen« nicht anschließen sollten.

Nach heftigen Diskussionen überlegen wir auf der Metaebene, dass unsere Differenzen eine unserer Kernhypothesen – den Bruch zwischen Topmanagement und Führungskräften sowie Mitarbeitern – abbildet. Das Phänomen, dass sich die Unternehmensdynamik im Staff widerspiegelt, bereitet uns auf den Umgang mit den im Unternehmen vorherrschenden Stimmungen – Hoffnungslosigkeit, Unverständnis und Wut – vor und hilft uns beim Planen und Priorisieren der Interventionen. Uns ist klar, dass wir nur dann überzeugend eine Brücke zwischen den Vorständen und der Belegschaft bilden können, wenn es uns gelingt, in den eigenen Reihen wechselseitiges Verständnis aufzubringen.

Wir beschließen, zwei Schwerpunkte zu setzen: Der Dialog zwischen den Ebenen soll etabliert und unterstützt werden. Dies geschieht im Rahmen einer Großveranstaltung, in der der Vorstand allen Führungskräften Rede und Antwort steht, seine Fehler zugibt und seine Mitarbeit zusagt. Anschließend werden Dialogkaskaden zum Thema »Zukunftsbild der Organisation« durchgeführt, um den Meinungsaustausch auf allen Mitarbeiterebenen fortzusetzten.

Als zweiter Schwerpunkt sollen die Schlüsselpersonen so rasch wie möglich identifiziert werden, um ihnen maßgeschneiderte Lösungen bezüglich ihrer Zukunft im Unternehmen anbieten zu können, damit sie diesem nach Möglichkeit erhalten bleiben. Und es sollen auch Führungswerkstätten, in denen sich die Führungskräfte konstruktiv mit der schwierigen Situation auseinandersetzen können, abgehalten werden.

Beispiel 2: Neustrukturierung in kritischer Phase

In diesem Projekt geht es um die Neustrukturierung eines Unternehmens, das sich in einer herausfordernden Phase befindet: Die Vertriebsbereiche und die Supportfunktionen sind neu aufgeteilt worden, und alle Führungskräfte und Mitarbeiter müssen sich nun bezüglich der neu geschaffenen Positionen bewerben, sofern ihnen diese nicht bereits zugeteilt wurden. Die Personalentscheidungen hinsichtlich der obersten Führungsebene sind bereits gefallen, alle weiteren stehen noch offen.

Die Staffmitglieder treffen sich zu einem eintägigen Meeting. Im Zuge der Einstimmungsrunde berichten sie, was sie jeweils in letzter Zeit beim Kunden gemacht haben, wie es ihnen emotional in der Zusammenarbeit mit dem Kundensystem geht und welche Ziele und Themen für den Tag wichtig sind. Im Sinne der systemischen Schleife sammeln wir Informationen und bilden daraufhin Hypothesen. Rasch zeigt sich, dass uns vieles nicht klar ist. Vor allem die beiden Projektleiter stehen »im Nebel«, haben unterschiedliche Vorstellungen und Strategien bezüglich der infrage stehenden Interventionsrichtung.

Eines der Probleme ist die Tatsache, dass der Auftraggeber für uns kaum greifbar bzw. nicht zu sprechen ist. Er kommuniziert mit den K & N-Projektleitern fast ausschließlich über die unternehmensinterne Projektleiterin. Des Weiteren ist zu beobachten, dass das Steering Committee, das mit hierarchisch hochrangigen Managern besetzt ist, kaum entscheidungsfähig ist und keinen Drive hat. Außerdem geht die für die Projektphase veranschlagte Zeit langsam zur Neige, und es zeichnet sich keine Fortsetzung des Auftrags ab, obwohl wir mitten im Projekt stecken.

Aufstellung zur Abbildung der Situation

Während des Hypothesenbildens haben wir das Gefühl, den Problemen nicht wirklich auf den Grund zu kommen, ja nicht einmal unter die Oberfläche – sozusagen zum unsichtbaren Teil des Eisbergs – zu gelangen. Das bringt uns auf die Idee, eine **Aufstellung zur Abbildung der Situation** zu machen. Ein Kollege, der bis dato noch wenig mit dem Kundensystem zu tun hatte, übernimmt die Moderation. Die K & N-Projektleiter repräsentieren sich selbst, und alle anderen übernehmen Hauptrollen im Kundensystem: Projektleiter, Auftraggeber, Steuergruppe, Management-Team.

Im ersten Bild wird deutlich, dass der Auftraggeber einen der Berater als Bedrohung und Konkurrenz erlebt, den anderen hingegen nicht. Spannend ist, dass sich hier sofort unsere unterschiedlichen – bisher nur gedachten – Strategien widerspiegeln: Der eine möchte bereits im Vorfeld stärker aufdeckend agieren, der andere, der einige Jahre zuvor noch selbst Manager war, ist vorerst nicht gewillt, die »heiklen« Punkte beim Auftraggeber zu thematisieren.

Auch die Rolle des internen Projektleiters wird deutlicher: Während er – in der Aufstellung – mit dem Berater, mit dem er zumeist die Projektsitzungen vorbereitet, spricht, schielt der Auftraggeber voll Unbehagen und nervös zu den beiden hin. Wohl fühlt er sich erst, als sich das Aufstellungsbild ändert und der Projektleiter zwischen ihm und den Beratern steht – besser noch, wenn er wie ein Satellit um ihn »herumschwirrt« und er währenddessen in die Ferne blicken kann. Unsere Hypothese hinsichtlich seiner Gedanken lautet: »Berater, kommt mir nicht zu nahe! Der von mir entsandte Projektleiter soll nur machen, und ich kann mich inzwischen mit anderen, weiter weg liegenden Aufgaben beschäftigen.«

Eine andere offene Frage betrifft die zukünftige Rolle/Aufgabe des Projektleiters, der für dieses Vorhaben freigestellt und dem Auftraggeber unterstellt ist. Er erfährt volle Akzeptanz und kann seine Kompetenz unter Beweis stellen. Im Lauf des Projekts hat er mehrmals Gelegenheit, seine Rolle und Situation zu reflektieren, und es steht allmählich eine Entscheidung hinsichtlich seiner Zukunft bevor. Latent geht es auch um die Abnabelung von seinem Mentor, dem Auftraggeber.

Die Aufstellung ergibt des Weiteren, dass die Steuergruppe nicht (mehr) imstand ist, die ihr ursprünglich anvertraute Rolle bzw. Aufgabe zu übernehmen. Mehr Energie und Drive zeigt sich hingegen beim Management-Team, das aus den Leitern der neu besetzten Vertriebs- und Servicebereiche besteht. Dessen Weiterentwicklung soll nun im Fokus stehen.

Vor allem die Projektleiter sind froh über die mithilfe der Aufstellungsarbeit gewonnenen Erkenntnisse und sind sich bezüglich ihrer nächsten Schritte einig. Wir sind dank der mit der Aufstellung einhergehenden Reflexion wieder näher an das Kundensystem herangerückt, was für die weitere Arbeit hilfreich ist. Insgesamt ist die Aufstellung ein für alle äußerst energetisierendes Erlebnis, und es ist spannend zu beobachten, wie rasch sich der Nebel über der Ausgangssituation lichtet und die weitere Vorgehensweise sich plötzlich klar abzeichnet.

Aufgrund der Perspektivenvielfalt kommt auch Latentes, vorher nicht Bedachtes, an die Oberfläche – daraus ergeben sich zusätzliche Hinweise für nächste Interventionen. Die Strategie für das weitere Vorgehen – auch in Hinsicht auf die interne Projektleitung – wird klarer.

Die Aufstellung bringt vor allem für die Projektleiter Sicherheit und Orientierung »im Nebel«. Die Rollen der Projektleiterkollegen wie auch der Ansprechpartner im Kundensystem werden klarer.

2.9.3 Kurzanalyse beider Interventionen

Was macht hier den Unterschied zu reiner Fach- bzw. Prozessberatung?

1. Man verfügt über mehr Informationen und Perspektiven, braucht also mehr Zeit zum Verdichten und Verknüpfen und somit mehr Staffzeit.
2. Es gibt mehr Spannungen im Staff. Infolgedessen ist es auch schwieriger, Entscheidungen bezüglich der zu setzenden Interventionen zu treffen.
3. Die Anschlussfähigkeit zum Kunden ist höher.
4. Die Berater haben unterschiedliche Selbst- und Fremdbilder. Zwischen Fachberatern und Managern herrscht häufig Konkurrenz – sie können sich miteinander messen, da mehr scheinbar objektive Vergleichskriterien gegeben sind. Die meisten Fachberater sind Männer, und viele unserer Fachberater waren vorher Führungskräfte. Häufige Aussage von Topmanagern über Fachberater: »Die sind als Manager gescheitert.« Und von Fachberatern über Topmanager: »Ich bin jetzt unabhängig, der andere nicht.« Fachberater bieten folglich Führungskräften mehr Projektionsfläche (Resonanzphänomen).
5. Die Arbeit des Fachberaters kann von den Kunden eher inhaltlich beurteilt werden und bietet daher auch mehr Angriffsfläche, und der Kunde kann begründeten Einfluss auf die Staffzusammensetzung nehmen. Hierbei ist darauf zu achten, dass der Fachberater nicht zum verlängerten Arm des Kunden wird.
6. Das Verhältnis zwischen Kunden und Fachberatern (Haltung und Beziehung) ist durch ein Machtungleichgewicht gekennzeichnet: Der Kunde schaut zum Fachberater auf, weil dieser mehr weiß. Andererseits kann er den Fachberater manipulieren, da dieser ersetzbar ist. Aufgrund des Dienstleistungsbewusstseins des Fachberaters ergibt sich eine asymmetrische Machtbeziehung, innerhalb deren die beiden hin und her pendeln.
7. Wenn ein »fachlich starker« Fachberater die Rolle des Projektleiters übernimmt, ist folglich die Gefahr wechselseitiger Konkurrenz sehr groß.
8. Während Fachberater eher in Konkurrenz zu Führungskräften gehen, geht der Prozessberater eher in Konkurrenz zu den internen Beratern. Hier ist es wichtig, den richtigen Zeitpunkt zu finden, ab wann eine Kombination von interner und externer Moderation sinnvoll wäre.

9. Fachberater im komplementären Tandem sollten nicht nur als Fachexperten wirken, sondern als »Übersetzer« und als »Schnittstelle« zu den Prozessthemen.

10. Im komplementären Tandem können beide Berater voneinander lernen. Mithilfe von Fach-Know-how lässt sich besser beurteilen, ob das Projekt für den Kunden schwer oder leicht zu meistern ist, mit Prozess-Know-how hingegen, z.B. welche Unternehmenskultur erforderlich ist.

11. Im komplementären Tandem verstehen wir besser, ob die Projektstruktur für das betriebswirtschaftliche Ziel geeignet ist.

12. Dass wir z.B. die Aufstellung einsetzen und das Resonanzphänomen in unsere Arbeit mit einbeziehen, unterscheidet uns von reinen Fachberatern.

13. Für die Aufstellung benötigt man mehrere Staffmitglieder und einen Moderator – was allerdings die Kosten der Staffarbeit erhöhen könnte.

14. Die Aufstellung ist neben der systemischen Schleife eine weitere Methode, um die Fach- und Prozessperspektive im Projekt zu vereinen und die auf diese Weise erzielten Beobachtungen zu einem gemeinsamen Bild zusammenzuführen. Die beiden Perspektiven werden hier – nicht vordergründig beabsichtigt – durch zwei unterschiedliche Personen (die beiden Projektleiter) dargestellt.

15. Das wäre auch eine Anregung für andere Projekte, nämlich die beiden Perspektiven (Fach/Prozess) im Staff aufzustellen (ähnlich wie Verändern/Bewahren).

2.9.4 Was sagt der Kunde dazu?

● Der Kunde fragt sich häufig – vor allem zu Beginn des Projekts: Was soll Staffarbeit eigentlich bezwecken? Der Nutzen ist für ihn oft erst später ersichtlich, etwa wenn er an Staffmeetings teilnimmt oder wenn die Berater von der Staffarbeit erzählen (z.B. ihre Hypothesen vorstellen) und er somit das flexible und maßgeschneiderte Vorgehen miterleben kann. Ein Kunde beschreibt das so: »Früher dachte ich, die Staffarbeitstage seien lediglich dazu da, mehr Tagessätze verrechnen zu können – das sind doch erfahrene Berater, die brauchen doch gar nicht immer wieder über das Projekt zu reden. Aber nachdem ich zweimal je einen Tag lang dabei war, sehe ich das

radikal anders: Staffarbeit bringt einen deutlichen Mehrwert für unsere
Vorhaben!«

- Häufig äußern Kunden die Befürchtung: »Die Berater bereden etwas, das
  ich nicht unter Kontrolle habe«. Hier hilft es, dem Kunden offenzulegen,
  was in den Staffmeetings besprochen wurde.
- Erfolgsfaktor: Manager oder interne Berater des Kundensystems machen
  die Komplementärberatungsausbildung und lernen dabei, dass die Staffarbeit Voraussetzung für eine professionelle, effiziente Arbeitsweise ist.
- Die Arbeit in komplementären Tandems hat im Unternehmen Vorbildfunktion in Bezug auf den Umgang mit Fach- und Prozessperspektiven
  bzw. -strömungen.
- Fachperspektive im Staff bedeutet hohe Anschlussfähigkeit, aber auch Konkurrenz. Die Prozessperspektive ist am Anfang neu. Sie ist nicht greifbar
  bzw. benennbar und es gibt kein Vokabular dafür, was häufig zu Berüh-
  rungsängsten führt.
- Mitarbeitern fehlt vielleicht die Orientierung hinsichtlich der Berater –
  diese sind oft nicht einzuordnen, da das Komplementäre nicht leicht zu
  erklären ist. In vielen Fällen hat das Unternehmen bereits früher unlieb-
  same Erfahrungen mit Fachberatern gemacht. Es kann daher zu einem
  Vertrauensgewinn führen, wenn jetzt etwas anders gemacht wird.

2.9.5 Was haben wir daraus gelernt?

- Es wäre noch mehr Staffzeit nötig. Diesbezüglich wäre es von Vorteil, den
  Kunden öfters an den Staffmeetings teilnehmen zu lassen, damit er deren
  Nutzen erkennen kann. Man könnte die Staffarbeit z. B. Konzeptarbeit
  nennen und bereits im Angebot unter diesem Begriff – oder um diesen
  erweitert – vorstellen. Die Stafftreffen wären noch effizienter zu gestalten,
  etwa mithilfe von stringenterer Moderation oder von mehr Vorbereitung
  im Vorfeld.
- Man bekommt ein umfangreicheres Gesamtbild des Projekts (etwa wenn
  der Fachberater Informationen hinsichtlich des Incentivesystems des Topmanagements einbringt und somit dessen Hidden Agenda und die dahin-
  terstehende Motivation aufdecken kann).

- Wir können erkennen, welche Berater aufgrund ihrer Persönlichkeit und Reflexionsfähigkeit kompatibel sind. Die Fachberater sichern vor allem zu Beginn (z.B. beim Pitch) die Anschlussfähigkeit zum Kunden. Weil die Fachberatung dem Kunden vertrauter ist, kann er über fachliche Themen besser reden. Im Lauf des Projekts und bei der Umsetzung wird dann das Wie wichtiger, und damit rückt die Prozessberatung immer stärker in den Vordergrund. Wenn man Fachliches wie z.B. die Strukturen verändert, werden Altlasten sichtbar (»die Leichen im Keller«), und dann ist plötzlich ein anderes Spezialwissen (Prozess-Know-how) erforderlich.
- Diese Gegebenheiten sollten beim Staffing berücksichtigt und offen besprochen werden.
- Weitergedacht heißt das: Bisher versuchten wir, den Staff konstant zu halten. Aufgrund der neuen Perspektive ergibt sich die Idee, unterschiedliche Berater für unterschiedliche Projektphasen einzusetzen, wobei die Projektleitung in einer Hand bleiben sollte, aber im Verlauf des Projekts (vermutlich in der Mitte) im Staff der Schwerpunkt von der Fach- zur Prozessberatung verlagert wird. Unabdingbar ist die gemeinsame Ausbildung der Fach- und Prozessberater, damit sie wechselseitig anschlussfähig sind.

2.10   Interne und externe Projektleitung

Brückenpfeiler der komplementären Beratung

Erik Lang

In einem Beratungsprojekt stehen sich zwei soziale Systeme gegenüber: Die Beratung nachfragende Organisation als das Klientensystem (KS) und die beratende Organisation als Beratungssystem (BS).

Für die Zeitdauer des Beratungsprojekts entsteht durch die Interaktion/ Kommunikation ein drittes System, das Berater-Klienten-System (BKS).

Durch den Abschluss eines Beratungsvertrages erklären die beiden Systeme das jeweils andere als relevante Umwelt und es entsteht das BKS.

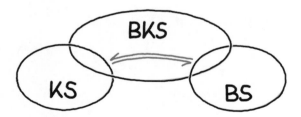

Abb. 14: Das Berater-Klienten-System

In der Entwicklung des BKS findet sich die jeweilige Erfahrung des KS wie auch des BS im Umgang miteinander in ähnlichen Kontexten wieder. Übliche Muster und Normen – wie Wertschätzung, Respekt, aber auch Misstrauen, Unverbindlichkeit, Abwertung – werden auch im BKS gelebt.

Die Etablierung eines gut funktionierenden BKS ist für jedes Beratungsprojekt ein wichtiger Erfolgsfaktor. Im komplementären Ansatz kommt dem BKS eine noch größere Bedeutung als in rein systemischen oder reinen Fachprojekten zu. Gründe sind:

- Die Steuerung komplementärer Beratungsprojekte ist deutlich komplexer.
- Der Grat zwischen Irritation und Anschlussfähigkeit ist deutlich schmaler.
- Die Nähe/Distanz in der Beziehung ist deutlich schwieriger zu gestalten.
- Es gibt deutlich mehr Zuschreibungen und Projektionen.

Zentrales Element jedes BKS in komplementären Beratungsprojekten ist das Zusammenspiel von interner (KS) und externer (BS) Projektleitung. Darauf wollen wir für die folgenden Überlegungen fokussieren. Dazu möchten wir den Begriff Projektleitungs-BKS einführen und für die restliche Diskussion verwenden.

2.10.1 Das Projektleitungs-BKS und die komplexe Steuerung komplementärer Beratungsprojekte

Komplementäre Beratungsprojekte integrieren das Was (Fakten, Zahlen Strategie, Struktur, Inhalt) und das Wie (Kommunikationsprozesse, Muster, Konflikte, Barrieren) und führen eine komplementäre Problemstellung einer komplementären Lösung zu.

Die bestmöglich umsetzbare Lösung suchen

Komplementäre Beratungsprojekte suchen nach der bestmöglich umsetzbaren Lösung und nicht nach der bestmöglichen inhaltlichen Lösung (Fachprojekte) oder der bestmöglichen Umsetzung (systemische Projekte). Oberstes Ziel ist es, gute Konzepte (und eben nicht die besten Konzepte) umsetzbar zu machen (und eben nicht im Konzeptstatus zu belassen). Umsetzbar bedeutet, »Konzepte zum Fliegen zu bringen« und somit Erfahrungen wie »Konzepte sind nur so viel wert wie die Powerpoint-Folie, auf die sie aufgedruckt sind!« zu verhindern.

Ökonomisch gesehen reduzieren erfolgreiche komplementäre Beratungs-projekte Opportunitätskosten (Kosten, die durch die Nichtnutzung vorhandener Ressourcen entstehen) in der Umsetzung signifikant. Beispiel für Opportunitätskosten ist eine neu designte Aufbau- und Ablauforganisation, in der die Führungskräfte und Mitarbeiter ihre neuen Aufgaben und Rollen nicht akzeptieren und einfach weiterarbeiten wie bisher. Die dabei entstehenden Reibungsverluste verhindern einen optimalen Ressourceneinsatz – das verursacht große finanzielle Einbußen.

Harte und weiche Faktoren verbinden

Der komplementäre Beratungsansatz integriert die harten Fakten (die gute inhaltliche Lösung) und die weichen Faktoren (nehmen die Menschen mit und machen Lösungen umsetzbar) und stellt damit aber auch sehr hohe Anforderung an die Konzeption und Steuerung von Projekten. Auf einer Meta-ebene sind folgende Aspekte zu berücksichtigen:

- Dimensionen Strategie, Struktur, Kultur
- Prozessdimensionen Architektur, Design und Technik
- Fachdimensionen (inhaltliche Fragestellung)
- Projektdimensionen (Phasen, Teams, Milestones)
- Verbindung der widersprüchlichen Ziele (schnelle Optimierung bei nachhaltiger Entwicklung)

Projektleitung doppelt besetzen

Innerhalb des konstituierten Projektleitungs-BKS kommt der internen und externen Projektleitung eine zentrale Rolle zu. Der Umgang mit Komplexität, Dynamik und Unsicherheit prägt die Zusammenarbeit. Die Erfahrung zeigt, dass es sehr hilfreich ist, die interne wie die externe Projektleitung bei großen Projekten doppelt zu besetzen. Idealerweise setzt sich die interne Projektleitung zusammen aus

- einer Person mit Erfahrung und Know-how in Organisationsentwicklung sowie
- einem Linienmanager.

Die externe Projektleitung wird gebildet aus
- einer Person mit Prozess- und Managementerfahrung sowie
- einer Person mit Fach- oder Branchen-Know-how.

Nicht auflösbare Widersprüche

An vielen Punkten zeigt sich die Herausforderung der Steuerung von komplementären Projekten. Meistens geht es dabei um nicht auflösbare Widersprüche, die ein Projektleitungs-BKS leicht spalten können. Beispiele hierzu sind:

- »Es kann nicht schnell genug gehen.« ↔ »Es geht viel zu schnell.«
- »Es gibt viel zu wenig Struktur.« ↔ »Die Struktur engt uns ein.«
- »Es sind viel zu viele Personen integriert.« ↔ »Es müssen mehr Personen integriert werden.«
- »Lassen wir die Befindlichkeiten mal beiseite.« ↔ »Geben wir den Befindlichkeiten Raum.«
- »Es reicht, wenn das Topmanagement entscheidet, auch wenn es das Projekt nicht aktiv vorantreibt.« ↔ »Es ist wichtig, dass auch das Topmanagement das Projekt aktiv vorantreibt.«

All diese Widersprüche sind als Symptome zu betrachten, welche der gleichen Ursache und Primärherausforderung jedes komplementären Projekts zuzuordnen sind – nämlich schnelle Optimierung bei gleichzeitiger nachhaltiger Entwicklung des Systems zu erreichen.

Integrierendes Paradigma

Es geht nicht um ein ausschließendes Entweder-oder, sondern um ein integrierendes Sowohl-als-auch – was leicht gesagt ist, sich aber als umso anspruchsvoller in der Umsetzung erweist. Dahinter verbergen sich zwei Paradigmen, welche sich in einem Projektleitungs-BKS meist in der Splittung Projektleitungs-KS und Projektleitungs-BS ausprägen.

Das Projektleitungs-KS steht vor allem bei an der Börse gehandelten Unternehmen für schnelle Optimierung. Die Systemlogik orientiert sich an Quartalsergebnissen, Aktienkursen, den Bedürfnissen der Analysten und an zeitlich begrenzten Verträgen der Top-Entscheider. Dementsprechend kurz muss die Reaktions- und Problemlösungszeit sein. Das Bild des »Handwerkers«, des »Ingenieurs«, der Mängel repariert und Prozesse optimiert, steht bezüglich des Rollenverständnisses der handelnden Personen im Vordergrund.

Das Projektleitungs-BS mit oft systemischem Hintergrund ist an mittelfristiger, nachhaltiger Entwicklung interessiert. Das Rollenselbstverständnis hier ist eher das des »Gärtners«, des »Entwicklers«, der Samen sät und die Pflanzen an der richtigen Stelle zurückschneidet, damit sie gedeihen können.

Die Kunst im Projektleitungs-BKS ist es, beides zu sein. Ausdifferenziert heißt das, gleichzeitig verschiedene Rollen zu verkörpern: den »Sparringspartner« ebenso wie den »Experten«, den »Coach« ebenso wie den »Spieler-Trainer«.

Ausdruck dieses Widerspruches sind oft auch auf den ersten Blick widersprüchliche Ziele. »Wir möchten die Umsetzung so schnell wie möglich, und bitte sorgen Sie dafür, dass alle Mitarbeiter abgeholt werden und die Sache X mittragen« – So oder ähnlich lauten Vorgaben, die für ein Projektleitungs-BKS eine ziemlich »harte Nuss« sein können.

Fallbeispiel: Wie sich die Widersprüche in der Praxis manifestieren

Das folgende Beispiel illustriert sehr gut die Herausforderungen, denen das Projektleitungs-BKS begegnet.

Der Hauptstandort eines großen international agierenden Automobil-Zulieferers mit insgesamt 10 500 Mitarbeitern möchte sich im Sinne der Zukunftssicherung neu aufstellen. Mehrere negative Erfahrungen mit reinen Fachberatern (»Viele Konzepte, die noch mehr gekostet haben und am Schluss haben wir doch nichts umgesetzt«) animieren die Entscheider, bewusst einen komplementär denkenden und handelnden Berater zu engagieren. Der Auftrag ist klar formuliert und schnell umrissen:

- Projektstart am 1. Juni, Projektende am 31. Mai im Folgejahr.
- Es soll eine neue Ablauf- und Aufbauorganisation definiert werden. Diese soll sich am zukünftigen Geschäftsmodell ausrichten. Die Prozesse sollen aufgrund einer detaillierten Prozessanalyse auf die Bedürfnisse der internen und externen Kunden optimal abgestimmt werden.
- Die Führungskräfte haben sich neu zu bewerben, die Stellen werden mit den für das geforderte Profil passendsten Bewerbern besetzt.
- Die relevanten Umwelten (Führungskräfte, Mitarbeiter, Betriebsrat) sind so zu involvieren, dass sie die Projektergebnisse und die Umsetzung unterstützen und mittragen.
- Während der Projektlaufzeit ist die hohe Kundenzufriedenheit aufrechtzuerhalten und die vereinbarten Budgetjahresziele sind zu erreichen.

Das Projektleitungs-BS entscheidet sich nach langen internen Diskussionen (»Kann das überhaupt alles gehen in einem Jahr?«, »Wie kann in der kurzen Zeit eine nachhaltige Wirkung erzielt werden?«), den Auftrag anzunehmen. Während der gesamten Laufzeit des Projekts wird es für das BS eine permanente Herausforderung bleiben, Interventionen, die man gern setzen würde (»Wir brauchen hier viel mehr Zeit, um mit den Top-Entscheidern und den betroffenen Führungskräften zu arbeiten.«), durch Interventionen, die in diesem Kontext zielführend sind (»Wir arbeiten mit den Führungskräften schon an der bevorstehenden Veränderung, ehe das Konzept steht, halten die Unsicherheit aus und haben so schon einen ersten Teil der Veränderungskurve abgearbeitet, bevor die neue Organisation steht«), zu ersetzen.

Das Projektleitungs-KS folgt sehr stringent den alten und gewohnten Logiken. Es richtet sich stark an den gefühlten oder fantasierten Bedürfnissen des Vorstands aus, agiert wenig risikofreudig und sehr politisch. Die eigenen Vorgesetzten einer Unsicherheit auszusetzen und zu akzeptieren, dass trotz professionellen Projektmanagements die Dinge auch mal anders kommen können, stellt fast unüberwindbare Hürden dar.

Ab dem ersten Tag wird im Projektleitungs-BKS die Widersprüchlichkeit des Auftrags thematisiert und damit viel von potenzieller Reibungsenergie in konstruktive Zusammenarbeit überführt. Intensiv wird zu Beginn an den persönlichen Beziehungen gearbeitet, das Projektleitungs-KS lässt sich in einem »Crashkurs« im komplementären Ansatz ausbilden. So entsteht eine gemeinsame Sprache und vor allem rasch ein gemeinsames Reflexionsniveau und eine Feedbackkultur. Offenheit und Vertrauen in den Beziehungen ermöglichen schnell ein gemeinsames Agieren – auch bei Widerständen aus der Organisation. Das Projektleitungs-BKS zieht an einem Strang.

2.10.2 Das Projektleitungs-BKS und der schmale Grat zwischen Irritation und Anschlussfähigkeit

Das Sowohl-als-auch bedeutet in der Umsetzung, das eine zu tun und das andere nicht zu lassen; es bedeutet, Veränderung 1. Ordnung (Wechsel von einem internen Zustand zu einem anderen innerhalb eines selbst invariant bleibenden Systems) und Veränderung 2. Ordnung (Wechsel, der das System selbst ändert) gleichzeitig voranzutreiben. Betriebswirtschaftlich ausgedrückt heißt das: Effizienz (»Doing the things right«) und Effektivität (»Doing the right things«) müssen Hand in Hand gehen.

Das bedeutet für das Projektleitungs-BKS ein sehr anspruchsvolles und hypothesenbasiertes Oszillieren zwischen den Möglichkeiten. Zu erkennen, wann es reicht, ein Symptom zu bearbeiten (Bei einem Wasserhahn, der tropft, reicht es meist, ihn mit der Rohrzange zuzudrehen.), und wann es wichtig und richtig ist, den Ursachen auf den Grund zu gehen (Manchmal ist dann eben doch die Dichtung defekt.), braucht neben viel Erfahrung und Know-how auch die Fähigkeit, mit Unsicherheit – auch der eigenen – umgehen zu können und in einem Staff auch Perspektiven und Meinungen zu akzeptieren, wenn sich diese nicht mit den eigenen decken.

Besonders anspruchsvoll ist dies in Anfangssituationen von Projekten, wenn die persönlichen Beziehungen – und damit das Vertrauen im Projektleitungs-BKS – noch wenig ausgeprägt sind und sowohl KS wie auch BS eher mehr des Gleichen, des Gewohnten und Bekannten produzieren, als sich schon aufeinander und den Reichtum des Gemeinsamen einlassen zu können.

In unserem Beispiel ist das Projekt gestartet. Noch in der ersten Woche soll ein erster zweitägiger Workshop mit den Top-Entscheidern stattfinden. Die Teilnehmergruppe soll sich aus Hauptsitzverantwortlichen (die von der Veränderung direkt und sehr stark betroffen sind), Länderverantwortlichen (interne Kunden, die von der Veränderung nur indirekt betroffen sind) und Produktgruppenverantwortlichen (interne Kunden, die von der Veränderung direkt betroffen sind) zusammensetzen. In dieser sehr heterogenen Gruppe, so erzählt das Projektleitungs-KS, misstraut man einander und agiert daher sehr politisch. Der Hauptsitzverantwortliche ist zugleich disziplinarischer Vorgesetzter des Projektleitungs-KS und hat dieses eingesetzt und positioniert.

Das Projektleitungs-BS möchte den ersten Workshop als Kick-off nutzen, um in der Gruppe nochmals die Zielsetzung (es steht die Vermutung von vielen individuellen Agenden im Raum) und die Rollen zu klären – und vor allem so schnell wie möglich ein Niveau von Vertrauen und Offenheit herzustellen. Es ist absehbar, dass dieses Gremium im Projektverlauf noch viele sehr heikle Entscheidungen treffen muss. Damit für den Workshop die richtige Atmosphäre entstehen kann, ist es für das Projektleitungs-BS selbstverständlich, einen Meetingraum zu wählen, der nicht direkt in der Chefetage liegt (und vor störenden Einflüssen des Tagesgeschäfts geschützt ist). Des Weiteren wird den Teilnehmern im Vorfeld nur eine Grobagenda zur Verfügung gestellt, um so im Workshop hypothesenbasiert und dem Gruppenprozess adäquat intervenieren zu können. Laptops und Handhelds sind während der Arbeitszeit ausgeschaltet, so dass sich die Gruppe ganz auf das Hier und Jetzt konzentrieren kann.

Das Projektleitungs-KS kann sich noch gar nicht vorstellen, wie diese Gruppe über solche Themen in Offenheit und Ehrlichkeit sprechen soll. Die Konzernrichtlinien für einen solchen Workshop sind klar: Spätestens 48 Stunden vor Beginn muss den Teilnehmern eine detaillierte Agenda mit allen vorgesehenen Präsentationen zur Verfügung gestellt werden. Gearbeitet wird normalerweise am großen Eichentisch des Sitzungszimmers. Die Teilnehmer setzen sich der Hierarchie entsprechend, und wenn das operative Geschäft es verlangt, gehen sie zum Telefonieren hinaus (oder bleiben einfach sitzen). Eingehende E-Mails werden am Handheld sofort bearbeitet.

Die Weigerung des Projektleitungs-BS, dem Projektleitungs-KS eine detaillierte Agenda, an der nicht mehr gerüttelt werden kann, bereits im Vorfeld des Workshops zur Verfügung zu stellen, führt zu einem ersten Eklat. Das Projektleitungs-KS ist so erbost ob dieser Non-Konformität, dass es die ganze Beauftragung infrage stellt.

Zum Glück bleibt genug Zeit zum gemeinsamen Reflektieren, und es stellt sich heraus, dass sich das Projektleitungs-KS vor allem Sorgen macht, wie der eigene Vorgesetzte reagieren wird. Es gelingt, ein Vorgespräch zu organisieren, bei dem sichtbar wird, dass der Vorgesetzte offener ist als fantasiert. Als Kompromiss wird für den ersten Workshop eine detailliertere Agenda erstellt und die vorgesehenen Präsentationen werden verschickt. Im Workshop selbst wird dann mit der Gruppe der Widerspruch »schnelle Optimierung bei nachhaltiger Entwicklung« zum Thema gemacht und auch ein Einverständnis für einen anderen Raum und das von der üblichen Konzernlogik abweichende Vorgehen im Vorfeld des Workshops hergestellt.

2.10.3 Das Projektleitungs-BKS – und warum Schubladendenken sowohl hilfreich als auch hinderlich ist

»Sage mir, woher du kommst, und ich sage dir, wer du bist!« ist vielen als geflügeltes Wort ein Begriff. Nichts könnte die Versuchung, einander in einem Projektleitungs-BKS eines komplementären Projekts aufgrund des eigenen

Erfahrungshorizonts bestimmte Eigenschaften, Handlungsweisen zuzuschreiben oder eben nicht, besser beschreiben.

»Die Frau X aus dem Projektleitungs-BS hat doch selber in einem Konzern gearbeitet und ist doch auch Betriebswirtin. Die wird schon verstehen, dass wir beim nächsten Workshop mit den Entscheidern die Projekt-Meilensteine entscheiden müssen und keine Zeit haben, über Befindlichkeiten zu sprechen.«

»Der Herr Y aus dem Projekleitungs-KS arbeitet schon so lange im Stab des Top-Verantwortlichen, der kann doch gar nicht mehr anders, als immer politisch zu agieren, und wird uns damit jede Reflexion mit den Mächtigen verunmöglichen.«

Solche Zuschreibungen können hilfreich – weil entlastend – sein (»Ich glaube zu wissen, wie du bist oder nicht bist!«), aber natürlich als »in Stein gemeißelte« Vorurteile jede weitere gemeinsame Entwicklung blockieren. Im komplementären Ansatz ist dies von besonderer Wichtigkeit, weil das Projektleitungs-BS – je nach Kontext – einmal eher wie ein Fachberater und ein anderes Mal eher wie ein Prozessberater intervenieren kann und muss. Dies kann einfach eine Irritation auslösen und erarbeitetes Vertrauen erschüttern. Und da Organisationen (speziell große Konzernorganisationen) eher mit Fachberatern vertraut sind, kann es sehr irritierend wirken, wenn das Projektleitungs-BS in einem Strategieentwicklungsprozess plötzlich über die Wünsche und Befindlichkeiten der Beteiligten bezüglich ihrer künftigen Rolle diskutieren möchte – vor allem dann, wenn bis zu diesem Zeitpunkt die inhaltliche Arbeit im Vordergrund stand und das Projektleitungs-BS als Fachberater agiert hat.

2.10.4 Das Projektleitungs-BKS – und warum gemeinsamer Erfolg harte Arbeit ist

Grundvoraussetzungen

Grundvoraussetzungen für eine erfolgreiche Zusammenarbeit im Projektleitungs-BKS sind auf Seiten des KS:

- Vertrauen in die Berater und in den Ansatz;
- die Bereitschaft und Fähigkeit, klare Ziele zu definieren und diese auch umzusetzen;

- die Bereitschaft und Fähigkeit, sich auf Unsicherheit und Dynamik einzulassen;
- die Bereitschaft und Fähigkeit zu ressourcenorientiertem Arbeiten;
- die Bereitschaft und Fähigkeit, Kompensation des BS zuzulassen und daraus zu lernen.

Auf Seiten des BS stellen sich die Grundvoraussetzungen für eine erfolgreiche Zusammenarbeit im Projektleitungs-BKS wie folgt dar:

- komplementäre Kompetenzen (Management-, Prozess- und Projektmanagement-Know-how);
- die Bereitschaft und Fähigkeit zur Selbstreflexion und zur inhaltlichen Auseinandersetzung mit den Problemstellungen;
- die Bereitschaft und Fähigkeit zur Kompensation des KS, wo notwendig (und nur da);
- die Bereitschaft und Fähigkeit sich auf die Logiken der Organisation einzulassen.

Und damit zusammenfassend für das Projektleitungs-BKS:

- ein klarer Kontrakt in der Sicherstellung der Rahmenbedingungen für die Zusammenarbeit im Projektleitungs-BKS;
- Rollenklarheit und eine professionelle Projektorganisation;
- die Bereitschaft und Fähigkeit zur Entwicklung komplementärer Hypothesen und Reflexion. Dazu gehört die komplementäre Systemdiagnose zu Beginn des Projekts, die Entwicklung einer komplementären Architektur, das Miteinbeziehen der Schlüsselpersonen (formelle und informelle Macht, Betroffene, Experten) und die Evaluation am Ende des Projekts;
- die Bereitschaft und Fähigkeit zur schnellen Entwicklung von Handlungsoptionen und die Arbeit an deren nachhaltiger operativer Umsetzung.

Haltung

Sind obige Voraussetzungen gegeben, so ist schon viel erreicht. Doch das umfassendste theoretische Wissen, die differenziertesten Vorgehensweisen, die ausgeklügeltsten Techniken haben nur reduzierte Wirkung, wenn die Haltung der beteiligten Personen im Projektleitungs-BKS »nicht stimmt«.

Haltung steuert unsere Denk- und Verhaltensweisen, liegt ihnen zugrunde und ist auch wieder ihr Ergebnis. Sie wird durch unsere Geschichte, unsere

Prägung, Erfahrungen und Bewertungen gebildet und beeinflusst unsere Weltsicht. Die eigene Haltung hat Konsequenzen für das eigene Selbstverständnis, für die eigene Sicht von Professionalität und für bevorzugte Vorgehensweisen, Theorien und Methoden.

Eine gemeinsame Haltung bei der Konstitution des Projektleitungs-BKS zu entwickeln ist wichtig. Noch wichtiger ist es, durch permanente Staffarbeit im Projektleitungs-BKS Reflexions- und Feedbackprozesse zu institutionalisieren, um so gemeinsames Lernen und Entwicklung zu ermöglichen. Das braucht vor allem in der Anfangsphase viel Zeit und noch mehr Vertrauen der handelnden Personen, Vertrauen in die anderen, aber vor allem auch in sich selbst.

Die Fähigkeit, mit Unsicherheit, Gleichzeitigkeit, Komplexität und Widerspruch umzugehen, ist Grundvoraussetzung für eine erfolgreiche Zusammenarbeit im Projektleitungs-BKS eines komplementären Beratungsprojekts. Sehr unterstützend in der komplementären Arbeit sind folgende systemischen Grundhaltungen:

- Gute Veränderung bedeutet, so viel wie möglich zu bewahren (Wertschätzung, Kontinuität) und den Mut aufzubringen, Dinge genau da zu verändern, wo es notwendig ist (Zukunftssicherung).
- Es gibt keine Objektivität – die Wirklichkeit ist eine Konstruktion –, und daher ist das Mehrbrillenprinzip so wichtig.
- Widersprüche gehören zum Leben. Man kann sie nicht aus der Welt schaffen, nur mit ihnen leben.
- Unterschiede sind Reichtum und Vielfalt, Widerstand ist Energie, Konflikte sind Entwicklungschancen.
- Es ist wie es ist! Defizite haben oft eine systemerhaltende Funktionalität.
- Oft geht es um Entdramatisierung, um das Gute im Schlechten (bei Defizitorientierung) oder um das Schlechte im Guten (bei Idealisierung).
- Entwicklungsprozesse brauchen Zeit. Auf Knopfdruck passiert inhaltliche, aber keine tiefere mentale Veränderung.

Erst wenn das Arbeiten an der eigenen Haltung sowohl auf individueller als auch auf kollektiver Ebene (im Projektleitungs-BKS und im Speziellen in der Projektleitung) zur Selbstverständlichkeit geworden ist, können die eigenen Ressourcen optimal und mit möglichst geringem Reibungsverlust eingesetzt werden. Und erst dann kann die Projektleitung als Vorreiter und Quelle für den komplementären Veränderungsprozess wirken. Für diese anspruchsvolle Arbeit braucht es ein »Gefäß«, einen Raum und Zeit (d. h. etwa einen halben Tag alle zwei Wochen).

In unserem Beispiel hatte sich das Projektleitungs-BKS über die Monate dank viel gemeinsamer Reflexion und Feedback hervorragend entwickelt. Offenheit und Vertrauen schienen belastbar. Gegen Ende des Projekts wurde das Budget knapp. Der Kunde hatte deutlich mehr nachgefragt, als Anfangs vereinbart worden war. Aus Sicht des Projektleitungs-BS ging es nur darum, die Abweichungen sauber herauszuarbeiten, zu begründen, was beauftragt war und was nicht, und dann mit dem Top-Entscheider zu überlegen, ob mehr Budget zur Verfügung gestellt werden oder eine andere Priorisierung der geplanten Aktivitäten stattfinden sollte.

Wie aus dem Nichts eskalierte das Projektleitungs-KS an dieser Stelle, forderte vom Projektleitungs-BS sofortige Maßnahmen, etwa den Verzicht auf Bezahlung für bestimmte »unwichtige« Leistungen wie interne Stafftreffen oder aber eine Reduktion des Tagessatzes für den Rest des Projekts.

Was war passiert? In diesem Konzern kommt der Einkaufsabteilung die Rolle des Wachhundes bezüglich der externen Budgets zu. Diese Rolle wird auch so gelebt und verursacht bei den Linienmanagern einen völlig überhöhten Respekt bis hin zu Angst vor jeder Budgetüberschreitung. In der Stresssituation der potenziellen Budgetüberschreitung fiel das Projektleitungs-KS wieder in die alten Muster und Konzernlogiken zurück und behandelte das Projektleitungs-BS plötzlich wieder wie einen vermeintlichen Gegner.

Zum Glück war die Beziehung so belastbar, dass die Situation besprechbar war. Ein gemeinsamer Vorschlag (zusätzliches Budget) wurde vom Top-Entscheider ohne Probleme genehmigt und damit löste sich der potenzielle Konflikt mit dem Einkauf in Luft auf.

2.10.5 Was haben wir daraus gelernt?

Die Durchführung eines komplementären Projekts ist eine hochkomplexe Angelegenheit. Das permanente Oszillieren zwischen Inhalts- und Beziehungsebene stellt höchste Anforderungen an das Klienten- wie auch an das Beratungssystem. Eigenes Tun und Lassen muss permanent reflektiert und hinterfragt werden. Muster und Logiken aus der Vergangenheit (»Das haben wir schon immer so gemacht! »Das wird hier so gewünscht.« »Bei den letzten drei Kunden hat das auch so funktioniert.«) legen jeden Tag Fußangeln aus und verleiten die agierenden Personen, im BKS in gewohnter Art und Weise zu agieren. Die Zusammenarbeit im BKS – mit den strukturell so gewollten unterschiedlichen Perspektiven und Sichtweisen (»Innensicht« vs. »Außenblick«) – erhöht die Komplexität zusätzlich.

Wenn wir auf der Suche nach dem Schlüssel zum Erfolg ganz tief graben, stoßen wir in all unseren Projekten immer wieder auf dieselbe wesentliche Voraussetzung. Die Basis für jeden Erfolg im BKS, der Kitt, um auch in schwierigsten Situationen zusammenstehen zu können, das Öl, um ineinander verhakte Zahnräder wieder zum Laufen zu bringen, ist so naheliegend wie banal: Vertrauen! Vertrauen ist die Basis von allem!

Ist die Vertrauensbasis im BKS entsprechend groß und stabil, so wird in der Zusammenarbeit fast alles möglich. Neue, ungewohnte Wege können gemeinsam beschritten werden, Muster- und Tabubrüche sind plötzlich nicht mehr gefürchtet, Konflikte erzeugen Energie, statt sie zu blockieren, und die gemeinsame Performance ist von hoher Qualität. Aber Vertrauen fällt nicht vom Baum – es muss hart erarbeitet werden!

Vertrauen entsteht, wenn sich ein BKS etablieren kann, dessen Mitglieder einander in regelmäßigen Abständen treffen, sich auch unter Druck Zeit nehmen und die relevanten Themen reflektieren und ausdiskutieren. Jemand anderem vertrauen kann man aber nur, wenn man sich selbst vertraut, wenn man sich über seine Werte und Normen im Klaren ist und weiß, wofür man einsteht und wofür nicht. Wenn jemand in seiner Mitte ruht, so äußert sich das in seiner Haltung und macht ihn in einem komplementären BKS zu einem verlässlichen Partner, der vertrauen kann und dem man vertraut.

Kapitel 3
Theoriebausteine der Komplementärberatung
Was Berater wissen müssen

Ulrich Königswieser, Lars Burmeister und Marion Keil

Wie in der Einleitung bereits erwähnt, fragten wir uns im Reflexionsprozess bzw. bei der Suche nach dem »roten Faden« in unseren Erfahrungsberichten: Was ist das Gemeinsame? Worauf kommt es an? Was ist neu? Was gilt nicht mehr?

In diesen Diskussionen haben wir viel gelernt.

- Wir zogen ein Zwischenresümee: Was glauben wir, gut zu können, was nicht? Z.B. auf dem Gebiet General Management – da fühlen wir uns zu Hause. Internationale Datenbanken bezüglich Branchenbenchmarks – das haben wir nicht. Es kostet viel Energie, die qualitativen Ziele zu definieren und zu evaluieren.

- Es ergab sich als unbeabsichtigter Nebeneffekt, dass wir intensive Identitätsarbeit leisteten. Dabei zeigte sich Folgendes: Trotz der komplementären Zielsetzung unserer Projekte bleiben unsere systemischen Werthaltungen die Basis unseres Selbstverständnisses.

- Im Zuge der Gespräche traten auch unsere spezifischen Hoffnungen und Ängste zutage, gefolgt von Fragen wie: Wie viel Fach-Know-how braucht man, um ins Team zu passen? Muss man jetzt alles können?

- Aber wir entwickelten auch Annahmen darüber, warum es im Zuge unserer Beratungsprozesse fast immer emotional geladene Situationen gibt. Unserer Vermutung nach ist das nicht nur deshalb so, weil Veränderungen immer Gefühle mobilisieren, sondern vielleicht auch deshalb, weil dieser Ansatz tiefe Sehnsüchte wachruft – nach sinnvoller Arbeit, nach nachhaltiger Wirkung, danach, als Mensch wahrgenommen, ernst genommen zu werden. Vielleicht gestattet er einem sogar, wieder daran zu glauben, man könne einen kleinen Beitrag zu einer »besseren Welt« leisten.

- Aber auch auf der konzeptionellen Ebene haben wir gelernt – und das steht hier im Mittelpunkt.

Im Theoriebereich haben sich drei wesentliche Blöcke herauskristallisiert:

1. Bestätigtes (Basics),
2. Ergänzendes und
3. Fokussiertes.

3.1   Basis-Theoriebausteine

Das Komplementärmodell, das eine Weiterentwicklung des SIM-Modells darstellt (vgl. Königswieser/Sonuç/Gebhardt/Hillebrand, 2006) hat für uns nach wie vor Gültigkeit. Hier nochmals die Quintessenz.

Die Abkürzung SIM steht für Systemisches Integrationsmanagement. Dieses Modell beschreibt die »Unternehmensentfaltung« als einen visionsgetriebenen, dynamischen, durch gemeinsame Reflexion charakterisierten Prozess, der das Ziel verfolgt, die integrierte Entwicklung der Dimensionen Strategie, Struktur und Kultur aufgrund der Verbindung von harten Fakten und weichen Faktoren voranzutreiben.

Aus unserer Sicht kann sich ein Unternehmen nur entlang dieses Dreiecks Strategie/Struktur/Kultur ganzheitlich entwickeln, da diese drei Dimensio-

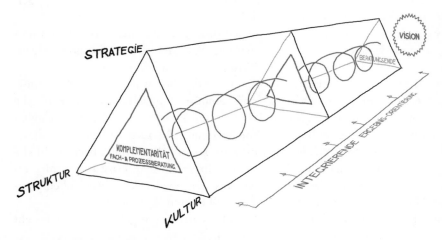

Abb. 15:   Das weiterentwickelte SIM-Modell (»Toblerone«)

nen in ihrer Gesamtheit den spezifischen Charakter eines Unternehmens abbilden und darüber hinaus in einem interdependenten Verhältnis zueinander stehen, sodass sie nicht getrennt voneinander betrachtet und »behandelt« werden können. Vielmehr begreifen wir das Ineinandergreifen der Bereiche Strategie/Struktur/Kultur im Sinne eines Mobiles: Kommt eines seiner Elemente in Bewegung, so schwingen alle anderen mit. Unser Verständnis ist holistisch: Jeder der Aspekte hängt mit den jeweils anderen zusammen, ist verwoben in ein größeres Ganzes. Wo immer wir ansetzen, es wird sich ganzheitlich auf das gesamte System auswirken.

Der Erfolg des Zusammenspiels von harten und weichen Themenbereichen, der Wechselwirkung zwischen Inhalt und Prozess, ist von drei zentralen Beratungsprinzipien abhängig:

1. Komplementarität,
2. Kompensation und
3. integrierender Ergebnisorientierung.

Komplementarität

Der Aspekt der Komplementarität bezieht sich auf unser eigenes Beratersystem und betrifft die Frage, wie gut es uns gelingt, die Diversität jener Fertigkeiten und Fähigkeiten, die im Beraterstaff vorhanden sind, zu nutzen, sodass sich ein sinnvolles Ganzes ergibt. Konkret bedeutet das: Wir achten bei der Zusammenstellung der Mitglieder unserer Beratertandems und -teams darauf, dass das vorhandene unterschiedliche Fach- und das Prozess-Know-how einander nicht nur ergänzen, sondern ganzheitlich zu größerer Vollständigkeit und Wirksamkeit summieren. Je nach Kontext und Kundenerwartung werden Teams gebildet. Im Zuge der sogenannten Staffarbeit und der kontinuierlichen Reflexionsrunden über die gesamte Projektlaufzeit hinweg ergibt sich ein qualitativ neues Miteinander.

Kompensation

Der zweite zentrale Aspekt im Komplementärmodell ist das Element der Kompensation. Ziel der Kompensation ist es, das Kunden-Know-how durch von uns einzubringendes Beraterwissen zu ergänzen.

Integrierende Ergebnisorientierung

Zuletzt unterstützt uns das Element der integrierenden Ergebnisorientierung dabei, Nutzen und Wirkung der Beratung prozessbegleitend zu reflektieren und laufend im Blick zu haben, indem wir trotz grundsätzlicher Ergebnisoffenheit im besten systemischen Sinn kontinuierlich daran gehen, mithilfe von Zwischenreviews und iterativer Zielüberprüfung dem Beratungsprozess insgesamt zu größerer Planbarkeit, Operationalisierbarkeit und somit auch Mess- und Überprüfbarkeit zu verhelfen. Wiederum sorgt der Komplementärgedanke mithilfe der Integration von Fach- und Prozess-Know-how für Ausgleich, für eine Balance zwischen der Aufgabe, kurz-, mittel- und langfristige Ziele klar zu definieren und dabei gleichzeitig für dynamische, sich verändernde Ergebniserwartungen offen zu bleiben.

Das Komplementärhaus

Auch das Konzept des »Komplementärhauses« veranschaulicht nach wie vor das situationsabhängige Oszillieren zwischen Fach- und Prozess-Know-how, wobei das systemische Weltbild und die systemische Haltung unbestritten das Fundament bleiben.

Sowohl Fach- als auch Prozessexpertise bilden jeweils eine tragende Säule der Komplementärberatung. Bei Königswieser & Network werden diese Säu-

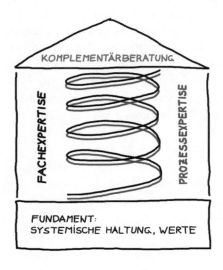

Abb. 16: Haus der Komplementärberatung
(vgl. Königswieser/Sonuç/Gebhardt/
Hillebrand, 2006)

len von einem komplementären Beraterstaff gebildet. Was sich immer wieder als Nadelöhr erfolgreicher Beratung erweist, ist die Haltung der Berater.

Nach wie vor sind dabei die folgenden, scheinbar widersprüchlichen – da gleichzeitig unterschiedlichen – Aspekte wichtig:

Zentrale Elemente der komplementären Beratung

- Reflexion, Lernen aus Feedback bei gleichzeitiger Spontaneität; Intuition
- Selbstbewusstsein bei gleichzeitiger Bescheidenheit
- Lernen, Forschen, Entdecken, Neugierde, Nichtwissen bei gleichzeitig klar vertretenen Meta–Normen, Abgrenzungen, Wissensinhalten und Positionierungen auf der Prozessebene
- Betroffensein, Engagement bei gleichzeitigem Distanz–wahren–Können; Gelassenheit
- Verantwortungsgefühl und Spaß an Spielerischem
- Sicherheit geben und gleichzeitig auch konstruktiv irritieren
- Sowohl harte Fakten als auch weiche Faktoren einbeziehen
- Verändern und gleichzeitig bewahren
- Entschleunigung bei gleichzeitiger Effizienz

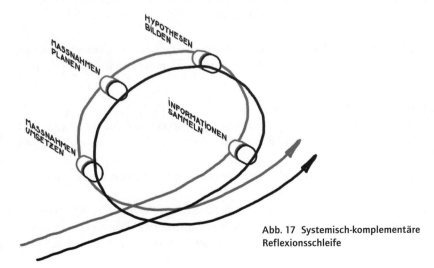

Abb. 17 Systemisch-komplementäre Reflexionsschleife

Die systemische Reflexionsschleife (vgl. Königswieser/Hillebrand, 2011, S. 45 ff.) wird in jedem Schritt mit zwei Perspektiven komplementär – auf den Prozess und auf den Inhalt gerichtet – durchlaufen. Dementsprechend basiert die gesamte Beratungsarbeit darauf.

3.2 Ergänzende Theoriebausteine

Uns wurde immer klarer, dass es hilfreich ist, zwischen verschiedenen Formen von Fach-Know-how zu differenzieren.

Oft hören wir: »Das machen wir doch auch!« »Viele Systemiker begleiten auch Strategiearbeit!« »Auch das Know-how bezüglich HR-Themen ist doch Fachberatung.« »Als Fachberater muss ich ebenfalls Kommunikationsprozesse gestalten!« Das alles ist stimmig, aber Wissen ist nicht gleich Wissen.

Drei Know-how-Ebenen
Wir unterscheiden nun drei Know-how-Ebenen:

1. Die **funktionalen Managementbereiche**, z.B. Know-how im Finanz-, im IT-, im HR- Bereich usw. Dieses Wissen ist meist bereichsübergreifend und branchenunabhängig.
2. Die Ebene des **spezifischen Branchen-Know-hows**, das auf den jeweiligen Markt bezogen ist – etwa in der Energiewirtschaft auf Erzeugung, Handel, Netze, Vertrieb etc.
3. Und letztlich das **Prozess-Know-how**, das den Aufbau von Architekturen, Designs, Methoden, Kommunikationsinterventionen, Konfliktmoderation etc. beinhaltet.

Abbildung 18 soll das verdeutlichen.

Je nach Kompensationsnotwendigkeit sollte im Beraterstaff das nötige Wissen vorhanden sein. Aber wie können wir bereits im Vorfeld beurteilen, welche Anforderungen auf uns zukommen?

Uns wurde noch eindringlicher bewusst, wie bedeutsam die Kompensationsdimension für unsere Projekte ist.

Und hierbei ist die Fähigkeit, eine diesbezügliche Einschätzung vorzunehmen, von zentraler Bedeutung. Das gilt vor allem zu Beginn eines Projekts, wenn es darum geht zu entscheiden, wie der Staff optimal zusammengesetzt

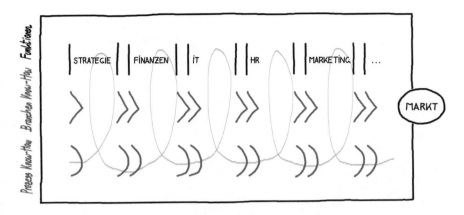

Abb. 18: Know-how-Ebenen im Komplementäransatz

werden soll, und festzustellen, was das Unternehmen »selbst kann« und was nicht. Es sollte so viel spezifisches Wissen im Beraterstaff vorhanden sein, dass die richtigen Fragen gestellt werden können, das beim Klienten vorhandene Wissen gehoben werden kann und geplant und gezielt Lernerfahrungen gemacht werden können.

Wissensverteilung einschätzen und Kompensationsbedarf ermitteln

Jedes Unternehmen hat – vereinfacht ausgedrückt – immer Fach- und Prozess-Know-how. Aber wie viel jeweils wovon? Wie ist das zu erfassen, zu verorten? Im Zuge der komplementären Systemdiagnose erfolgt die genauere Einschätzung.

Das folgende Vier-Felder-Schema hilft, die Einschätzung hinsichtlich der Wissensverteilung im Kunden- bzw. im Beratersystem grafisch darzustellen.

Die Kompetenzen zur Problemlösung liegen einerseits im Hard-Fact-Wissen (Zahlen, Daten Fakten, Steuerung per Kennzahlen, Branchenwissen, Shareholder-Value, etc.) und im Soft-Fact-Wissen (Welt der Beziehungslogik, Veränderungs-, Kommunikations- und Entscheidungsprozesse, Motivation, Befindlichkeiten, Steuerung per Dialog, Stakeholder-Value etc.).

Im Staff sollte die Fähigkeit vorhanden sein zu beurteilen, was wo wie kompensiert gehört.

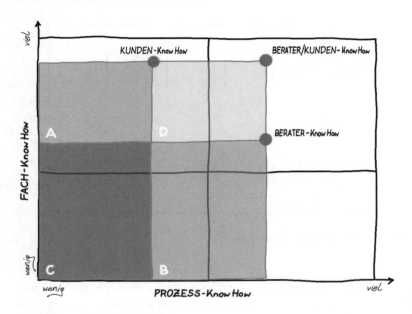

Abb. 19: Unternehmensentwicklungs-Know-how

Diese Einschätzung basiert auf der bekannten systemischen Schleife und wird sowohl aus Prozesssicht als auch aus Fachberatersicht auf dem Niveau eines General Managers gemeinsam hypothesengeleitet und an ZDF (Zahlen, Daten, Fakten) orientiert vorgenommen. Meist ist der anschlussfähige Einstieg – das Was – eher fachorientiert. Erst später spielt das Prozess-Know-how – das Wie – eine wesentliche, häufig sogar die zentrale Rolle.

In Abb. 19 sind beispielhaft das Fachwissen anhand des Branchen-Knowhows und das Prozesswissen anhand des Methoden-Know-how zur Kundenbindung abgebildet. Man könnte auch Teilsysteme eines Klientensystems (KS), wie etwa Produktion, Vertrieb etc., oder Teilsysteme eines Beratersystems (BS), wie etwa Professionen eines Staffs, abbilden. Hierbei nehmen wir einfachheitshalber an, dass das Klientensystem ein hohes Maß an Fachwissen und ein mittleres Maß an Prozesswissen besitzt, während das Wissen im Beratersystem genau umgekehrt ausgeprägt ist. Dadurch ergeben sich vier Felder. Innerhalb des Feldes A kann das KS sein hohes Fach- und mittleres Prozesswissen »autonom«

integrieren. Innerhalb des Feldes B kann das BS sein mittleres Fach- und hohes Prozesswissen »autonom« integrieren. Im Feld C können beide Systeme in gleichem Maße ihr Wissen integrieren, hier ist Wissen redundant vorhanden, was aber auf der anderen Seite eine gemeinsame, vertraute Basis darstellt und so die Anschlussfähigkeit beider Systeme erhöht. Die große Herausforderung liegt im Feld D, das nur dann gut genutzt werden kann, wenn sich beide Systeme als neues System, nämlich im Berater-Kunden–System, abstimmen und ihr Wissen »kollektiv« und komplementär zu einem neuen Wissen integrieren.

Beraterstaff als »Know-how-Makler«

Was die Auswahl des passenden Know-how betrifft, verstehen wir uns nahezu als »Makler«. Oder anders gesagt: Vergleichbar mit einem Casting beim Film erfolgt die Besetzung des Staffs. Oft holen wir auch Branchenexperten dazu, weil weder beim Kunden noch bei uns genügend spezifisches Know-how vorhanden ist. Aber natürlich sind wir immer bestrebt, das Wissen des Kunden so weit wie möglich zu nutzen bzw. zu entwickeln.

Unterschätzt man das System und bringt »zu viel und zu schnell« Wissen ein, reagiert der Kunde oft mit Widerstand, fühlt sich nicht ernst genommen oder sogar entmündigt. Wir sprechen von **Überkompensation**.

Es kann aber auch das Gegenteil passieren: Die Berater unterschätzen die Unsicherheit des Klientensystems und bringen zu wenig ein. Es entsteht ein

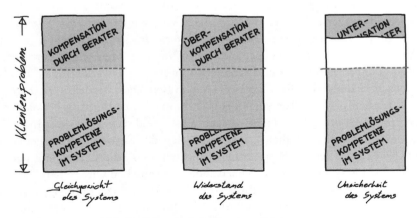

Abb. 20: Kompensationseinschätzung als Schlüssel zum Erfolg

nicht anschlussfähiges Vakuum der **Unterkompensation**. Zusätzlich verändert sich der Bedarf dynamisch. Das System lernt. Was anfangs an Inputs nötig war, ist vielleicht nach ein paar Wochen bereits zu viel. Wieder gilt: Die Einschätzung des Ausmaßes an Kompensation und die Interventionsstrategie müssen immer wieder im Staff und mit dem Kunden gemeinsam neu vorgenommen werden.

3.3 Fokussierte Theoriebausteine

Bewusster und schärfer umrissen als früher sehen wir die qualitative und zeitliche Wirkungsdimension der Komplementärberatung.

Um die Unterschiede klarer herauszuarbeiten, entscheiden wir uns für eine holzschnittartige, idealtypische Darstellung – sehr wohl wissend, dass die Praxis so eindeutig nicht sein kann. Alle Beratungstypen verlangen und beinhalten sowohl Fach- als auch Prozess- und Management-Know-how. Der Schwerpunkt – das Selbstverständnis, die Zuschreibungen, die Ausrichtung – ist aber unterschiedlich gelagert.

Unterschiedliche Ansätze...

Entscheidet sich der Kunde z. B. für eine **Fachberatung**, wird er diesen Auftrag üblicherweise als Konzeptauftrag verstehen. In diesem lautet das Ziel der Beratung, die bestmögliche inhaltliche Lösung für die jeweilige Problemstellung zu finden. Der Fokus der Beratung liegt dann auf der strategisch-strukturellen und der ökonomischen Ebene des Unternehmens. Meist geht es um die Verbesserung der Ertragslage, um Schaffung von Mehrwert oder die Steigerung der Produktivität und Effizienz. Um dies zu bewerkstelligen, bietet die Fachberatung vor allem Expertise in den Bereichen Betriebswirtschaft (z. B. Wirtschaftsprüfung, Einsparungen), Technik etc. Die Beratungstätigkeit basiert in erster Linie auf standardisiertem Wissen und sachorientierter Interpretationskompetenz bezüglich Daten. Nachdem das Konzept ausgearbeitet ist, ist der Fall für den Fachberater meist abgeschlossen, die Umsetzung der Maßnahmen bleibt – obwohl es vielfach anders versprochen wird – dem Kundensystem selbst überlassen. Die Tatsache, dass bei der Konzeption weder die Umsetzung noch die Organisationkultur im Blickfeld stehen, führt leider häufig dazu, dass selbst fachlich noch so intelligente und überzeugende Kon-

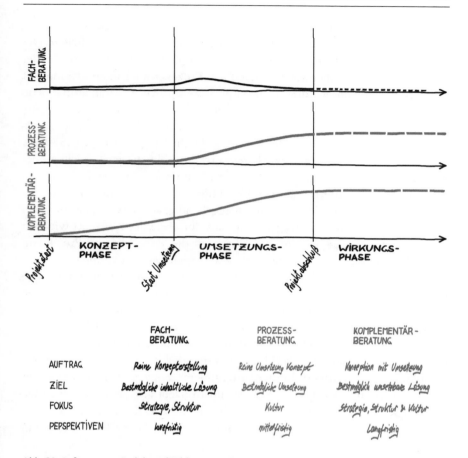

Abb. 21: Auftragsverständnis und Wirkung von Beratung

zepte am Widerstand der Mitarbeiter scheitern oder schlichtweg in der Schublade verschwinden.

Dies ist unserer Erfahrung nach häufig die Vorgeschichte, wenn der Kunde sich für eine reine Prozessberatung entscheidet – die in der Regel zwecks Umsetzung eines bereits vorhandenen Konzepts in Auftrag gegeben wird.

Die **systemische Organisationsberatung** geht von der Annahme aus, dass Organisationen sehr wohl das Wissen und die Fähigkeit besitzen, selbst

Lösungen für Probleme zu entwickeln. Ziel der Beratungstätigkeit ist es dann, das bereits ausgearbeitete Konzept bestmöglich verwirklichen zu helfen. Der Fokus der Beratung liegt vorwiegend auf der Organisationskultur, also auf der Beziehungsebene. Daher konzentrieren sich Prozessberater in erster Linie auf die Verbesserung der Kommunikationsprozesse, auf Kulturveränderung. Mithilfe ihrer Interventionen werden blockierte Energien freigesetzt, die organisationale Selbstheilungskraft wird aufgrund von Reflexions- und Feedback-Prozessen gestärkt. Somit werden die Handlungsoptionen des Systems erweitert. Da Prozessberater, wie bereits erwähnt, üblicherweise nicht an der Konzeption beteiligt sind, müssen sie im Nachhinein ein Konzept, welches die Unternehmenskultur nicht berücksichtigt hat (was aber für eine erfolgreiche Umsetzung dieses Konzepts ausschlaggebend gewesen wäre), bestmöglich ändern. Das führt in aller Regel dazu, dass nur Teile des Konzepts wirklich zur Umsetzung gelangen und die Wirkung, die Ziele, die das Projekt ursprünglich anvisiert hat, auch nur teilweise erreicht werden können.

Entscheidet sich der Kunde von Anfang an für eine **Komplementärberatung**, wird er die Berater ähnlich wie die Fachberater bereits in der Konzeptphase beauftragen. Das Ziel der Beratung ist es, die für das Unternehmen beste und zugleich bestmöglich umsetzbare Lösung zu finden. Daher wird das Konzept stets unter Mitberücksichtigung der Veränderungsfähigkeit der Kultur sowie im Hinblick auf die Umsetzungsmöglichkeiten erstellt und in Reflexionsschleifen optimiert. Es muss also immer hinterfragt werden, inwieweit die Voraussetzungen gegeben sind, das im Konzept anvisierte Ziel auch tatsächlich umzusetzen. Oder metaphorisch verdeutlicht: Können die vielen PS eines Sportwagens (bestes Konzept) auch wirklich auf die Straße (Umsetzung) gebracht werden – oder reicht vielleicht ein gutes, allerdings weniger attraktives Mittelklasseauto?

Konzept und Umsetzung werden von der Komplementärberatung als Einheit gesehen. Die Lösung für das Unternehmen ist maßgeschneidert. Im Fokus der Beratungsarbeit liegt die Integration von Strategie, Struktur und Kultur. Dabei wird möglichst viel Know-how des Kundensystems genutzt und – wo nötig – durch Fach- und Prozessexpertise der Berater ergänzt. Zu diesem Zweck wird sowohl auf der fachlich-inhaltlichen als auch auf der prozessual-sozialen Ebene ein maßgeschneiderter Methodenmix eingesetzt. Mithilfe dieser integrierenden Vorgehensweise können bereits in der Konzeptphase erste Wegmarkierungen für die Umsetzung festgemacht werden.

...unterschiedliche Wirkung

Wie aus Abbildung 22 ersichtlich wird, konzentriert sich die **Fachberatung** auf die Erstellung des bestmöglichen inhaltlichen Strukturkonzepts. Damit gehen relativ hohe Projektkosten und noch höhere Opportunitätskosten einher. Letztere entstehen dadurch, dass der Umsetzungsprozess in der Regel von den Fachberatern nicht begleitet oder nur unzureichend bewusst gestaltet wird. Somit läuft das erarbeitete Konzept Gefahr, in der berühmten Schublade zu landen. Das Projekt wird gekippt oder gar nicht erst angegangen – zumeist aufgrund von organisationsinternem Widerstand, der in der zu geringen Einbindung der Mitarbeiter in Konzeption und Planung des Change-Prozesses wurzelt. Langfristig betrachtet kommt das Brachliegenlassen von organisationsinternen Ressourcen und Potenzialen sehr teuer. Diese hätten sich möglicherweise entfalten können, wenn die Idee der Einbindung und Partizipation möglichst Vieler bereits in der konzeptuellen Phase ins Projekt Eingang gefunden hätte. Gemessen an den im Konzept vorgesehenen Zielen, entfaltet der Ansatz nach Beratungsende wenig Wirkung.

Der **Prozessberater** hingegen versucht, die Unternehmenskultur im Sinne des vorgegebenen Konzepts, z. B. anhand einer neuen Struktur, auszurichten und somit die bestmögliche Umsetzung zu gewährleisten. Die Projektdurchlaufzeit verlängert sich meist, da Mitarbeiter und wichtige Stakeholder in die Gestaltungsarbeit mit einbezogen werden. Fachlich-inhaltliche Aspekte werden aus Prozessberater-Perspektive eher vernachlässigt. Die Opportunitätskosten entstehen hier dadurch, dass das Konzept zu wenig auf die praktische Umsetzung ausgerichtet wurde und Reparaturarbeiten nötig werden bzw. gar nicht mehr möglich sind. Die Mobilisierung der Organisation bringt die Umsetzung des Konzepts in Gang, es wird aber eben nur ein Teil der Ziele tatsächlich erreicht.

Als **Komplementärberater** interessieren wir uns für den Gesamtprozess, in dem Konzeption und Umsetzung als Einheit betrachtet werden. Unser Ziel ist die Entwicklung einer bestmöglich umsetzbaren Lösung. Konkret bedeutet das, dass wir das jeweilige Tempo, in dem innerhalb von Wochen Strategien festgelegt, innerhalb von Monaten Strukturen geschaffen und innerhalb von Jahren Kulturen entwickelt werden können, berücksichtigen müssen. Zweitens konzentrieren wir uns auf die Frage, innerhalb welcher Strukturen sich die Strategie und die Ziele möglichst gut umsetzen lassen, wie und wo die vorhandene Kultur die neuen Strukturen bereits gut ausfüllen kann bzw. wo

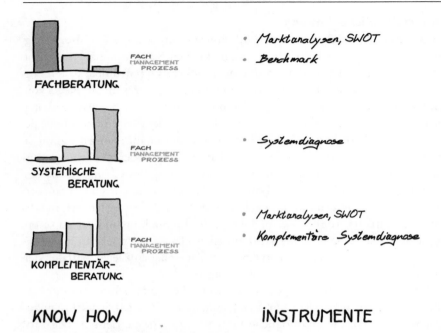

KNOW HOW ● INSTRUMENTE

Abb. 22: Notwendiges Know-how und Instrumente

sie noch Raum für Entwicklung lässt, um sozusagen in die neuen Strukturen hineinzuwachsen. (Es geht um einen Strategie-Struktur-Kultur-Fit in alle Richtungen.) Aufgrund der Anpassung der inhaltlichen Konzeption an die umsetzungsrelevanten Aspekte in der Organisation und der gleichzeitigen Optimierung beider ergeben sich, absolut betrachtet, deutlich niedrigere Kosten. Der Wirkungsgrad der in der Konzeptphase gesetzten Ziele ist nach Beendigung des Projekts meist hoch.

Der integrierte Ansatz ist zwar komplexer und aufwendiger, aber in seiner Wirkung nachhaltiger, die Durchführungsdauer letztlich kürzer und der Prozess somit meist auch kostengünstiger. Natürlich ist diese Darstellung idealtypisch. Jeder Berater hat, wie bereits erwähnt, nicht nur Fach- oder Prozess-Know-how, aber die Gewichtung und der bewusste Einsatz der jeweiligen Kenntnisse scheint uns von zentraler Bedeutung.

Die Rolle des Feedbacks

Last but not least wollen wir noch die wichtige Rolle des Feedbacks in den verschiedenen Formaten und Kontexten hervorheben.

Natürlich haben wir schon immer betont, wie wichtig Feedback ist, welche Auswirkungen auf die Selbststeuerung und das Lernen von Organisationen damit verbunden sind (vgl. Königswieser/Hillebrand, 2011, S. 50f). Und die Regeln, wie man konstruktives Feedback gibt, sind weitgehend bekannt. Aber immer wieder stellten wir fest, dass man mit Feedback in erster Linie die gegenseitigen Rückmeldungen zweier Personen, die die Wirkung aufeinander beschreiben, verbindet.

Wir haben die Erfahrung gemacht, dass es überaus effizient ist, vielfältigste Feedback-Schleifen einzuziehen. Den Anfang macht bereits beim Kennenlerngespräch, beim Pitch, die Intervention des Reflecting Teams: In Anwesenheit des Kunden tauschen wir am Ende der Sitzung unsere Eindrücke auf der manifesten betriebswirtschaftlichen, aber auch auf der latenten Ebene aus. Dabei kommen auch heikle Themen – z. B Machtunterschiede – aufs Tapet. Die Wirkung dieser Rückmeldungen ist meist sehr intensiv, löst Betroffenheit aus und macht oft den Unterschied zu anderen Beratungsformen aus.

Die Systemdiagnose mit den Rückspiegelungsworkshops ist ein Mega-Feedback-Loop, der insbesondere durch die bewusst eingesetzten Bilder unseres Zeichners, die unsere externe Außenperspektive zur Verfügung stellen, nachhaltige Wirkungen erzielt. Die Bilder bieten oft monatelang Thema für Diskussionen.

Feedback ist ein grundsätzliches Ritual am Ende jedes Workshops, ist Standard bei Projekt-Meilensteinen und Teilprojektreviews. Es findet sich in vielfältiger Form bei verschiedensten Designs, z. B. in Vieraugengesprächen, aber auch wenn es um Nahtstellen-Konflikte geht – etwa wenn Produktion und Technik ihre unterschiedliche Sicht auf den Punkt bringen.

Wir inszenieren die Stimmen der »abwesenden Anwesenden« im Raum, die ihre Meinung zu Konzepten äußern. Sounding Boards kann man ebenfalls als Feedback-Prozesse sehen, aber auch die inhaltliche Resonanz – von uns oder anderen relevanten Personen – auf Einsparungsüberlegungen, auf inhaltliche Ausarbeitungen oder Analysen sind dazuzurechnen.

In Großgruppenveranstaltungen zählt es zu den dramaturgischen Höhepunkten, wenn öffentliches Feedback ausgetauscht wird, wenn Kunden ihre Eindrücke kundtun, wenn Resonanz auf Entscheidungen Gehör findet.

Auch das Einholen von Feedback relevanter Umwelten – etwa externer oder interner Kundengruppen – ist immer eine massive Intervention.

Immer wieder stellen wir fest, welche ungeahnten Kräfte und Qualitäten freigesetzt werden und wie viel Lösungsorientierung es schafft, wenn wir Feedback-Prozesse gezielt als Intervention einsetzen. Ein solches Vorgehen mobilisiert Gefühle, setzt Selbststeuerung und Lernprozesse in Gang, regt zu Reflexion und Einsicht an.

Verlagerung von Fach- zu Prozessthemen im Projektverlauf

Als eine etwas irritierende Erfahrung stufen wir die Tatsache ein, dass anfangs inhaltliche Themen für den Erfolg des Projekts wichtiger erscheinen als Prozessthemen, sich aber im Laufe des Beratungsprozesses sehr häufig die Gewichtung verlagert. Je intensiver wir uns mit dem Kunden gemeinsam einem fachlichen Thema widmen, desto deutlicher wird bewusst, dass die Inhalte ohnehin klar sind, es aber an zwischenmenschlichen Gegebenheiten – an Machtverhältnissen, an Konflikten, Widerständen usw. – liegt, dass Entscheidungen nicht umgesetzt werden, Erkenntnisse nicht wahrgenommen werden wollen usw. »Die weichen Themen sind die harten Themen«, so könnte man diese Erfahrung zusammenfassen, wodurch sich Kompensationsbedarf größtenteils auf dieses Feld verlagert. Wir waren überrascht und fragten uns, ob hier der Wunsch der Vater des Gedankens sein könnte, kamen aber zu dem Ergebnis, dass die Schlussfolgerung für uns stimmig ist. Das hat natürlich auch Konsequenzen bezüglich der Zusammensetzung der Beraterteams.

Kapitel 4
Ausblick
Das Ganze sehen

Ulrich Königswieser, Lars Burmeister und Marion Keil

Wir fragen uns immer wieder: Was kommt nach dem Komplementäransatz? Wie könnte und sollte unsere konzeptionelle Weiterentwicklung aussehen?

Die in diesem Buch beschriebenen Beratungsfälle sollten aufzeigen, dass die Umsetzung des Ansatzes an sich schon sehr anspruchsvoll ist – eben nach wie vor ein *work in progress.*

Aber so wie Frieden nicht von Dauer ist, wenn man ihn nicht immer und immer wieder mit unablässigen Kämpfen erstreitet und verteidigt, so gibt es auch keinen perfekten Ansatz, der nur »ausgerollt« werden muss. Jeder Beratertag bringt neues Ringen um Qualität, um Verbesserung, um Innovation auf der konkreten Ebene mit sich. Dennoch muss man sich die Frage nach dem nächsten Schritt auf der theoretischen Ebene stellen. Damit das Mögliche entsteht, muss immer wieder das Unmögliche versucht werden.

Wir haben eine Vision, die immer noch Gültigkeit hat:
- Wir sind die erste Adresse für nachhaltige Veränderungsprozesse.
- Unsere Kunden sind Konzerne und mittelständische Wirtschaftsunternehmen im deutschsprachigen Raum und darüber hinaus.
- Als Pioniere sind wir so verrückt, dass wir uns gern außergewöhnlichen Aufgaben stellen.
- In der gemeinsamen Entwicklungsarbeit mit unseren Kunden integrieren wir harte Fakten und weiche Faktoren.
- Mit unserer Marke ziehen wir Spuren in Organisationen, internationalen Märkten und darüber hinaus in der Gesellschaft.

Visionen sind nicht da, um sklavisch realisiert zu werden, sondern um die Möglichkeit des Schwierigen und doch Ersehnten zur Diskussion zu stellen und den Glauben an diese Möglichkeit zu stärken.

Unsere Vorstellung davon, wie wir unsere Vision Schritt für Schritt verwirklichen könnten, verlangt es, den Kompensationsgedanken des Komplementäransatzes in verschiedenen Dimensionen radikal ernst zu nehmen. Was heißt das? Wir erleben tagtäglich, wie hilflos Politik ist, wenn es um Gesamtverantwortung, um Gesamtsteuerung geht – sie hat ihre Steuerungsfunktion längst eingebüßt. Politik ist eines von mehreren Teilsystemen der Gesellschaft geworden.

Immer wieder erleben wir hautnah, wie sich die gesellschaftlichen Widersprüche in Organisationen widerspiegeln. Es steht die Logik der Wirtschaft gegen die Bedürfnisse von Menschen, Shareholder-Value gegen Stakeholder-Value, Beschleunigung gegen Entschleunigung. Wir sehen Abwertung der Alten, Überbewertung der Jungen, das Auseinanderdriften von Arm und Reich, den Widerspruch zwischen langfristigen und kurzfristigen Zielen.

Wollen Unternehmen die aufgrund dieser Widersprüche auftretenden Belastungen nicht nur den Individuen, den Mitarbeitern und der Öffentlichkeit überlassen, müssen sie sich kompensatorisch für die Konsequenzen ihrer Entscheidungen verantwortlich fühlen und entsprechend handeln. Da geht es etwa um Umweltthemen, um Nachhaltigkeit, um Arbeitsplätze usw. Üblicherweise verlagern Unternehmen systemfremde Probleme nach außen, d. h. in die Gesellschaft (z. B. Stellenabbau, Rationalisierungen). Die aktuelle Verschiebung der Märkte nach Asien und Lateinamerika zeigt Konsequenzen auch für die Beratung. Internationale Beraterstaffs werden gebildet, Kooperationen eingegangen. Interkulturelle Kompetenz und die komplementäre Beratersprache sind nötig, damit Unternehmen in ihren Verlagerungs- und Integrationsprozessen global begleitet werden können.

Da wir uns unserer sozialen Verantwortung bewusst sind, ist es uns ein Anliegen, Beratung möglichst so zu praktizieren, dass sie einen Mehrwert für Unternehmen bringt, indem sie die Zukunftsfähigkeit der Unternehmen ausbaut und verfestigt und zudem bewirkt, dass auch Wirtschaftsunternehmen sich ihrer sozialen Verantwortung bewusst werden. Dazu gehört es, das Umfeld insgesamt stärker mit einzubeziehen und bewusst gesellschaftspolitische Themen – wie z. B. die Zukunft der Arbeit, die demoskopische Entwicklung etc. – aufzugreifen und zu berücksichtigen.

Mehrwert ergibt sich letztendlich auf verschiedenen Systemebenen:

- Das Unternehmen lernt, als System präventiv und ganzheitlich zu denken.
- Diese Lernimpulse kommen den Mitarbeitern zugute (Employability).
- Infolge zunehmender Identifikation mit dem Unternehmen und durch verstärkte Loyalität steigert sich die Wertschöpfung.
- Ein verändertes Image bringt Sympathie bei kritisch bewussten Kundengruppen und könnte das Unternehmen in der Branche auch zu einem interessanten Kooperationspartner machen.
- Die Vorbildwirkung auf Betriebsräte und Gewerkschaften ist nicht von der Hand zu weisen, da die Bereitschaft, sich mit Widersprüchen auseinanderzusetzen, attraktiv ist.
- Auch die Anteilseigner profitieren von einem Entwicklungsprozess dieser Art, da erhöhte Potenziale den Wert des Unternehmens steigern.
- Auf einer gesellschaftlich-politischen Ebene schafft die Verbindung zwischen Unternehmen und Politik durchlässigere Grenzen und somit Mehrwert.
- Auf der globalen Ebene agieren die Unternehmen effektiv und nachhaltig, egal wo sie tätig sind.

Im Sinne einer ganzheitlichen Gesamtsicht und Gesamtverantwortung muss die Interdependenz von gesellschaftspolitischer und unternehmerischer Verantwortung bewusst integriert werden.

Man kann diesen Gedanken als naiv oder romantisch bezeichnen, aber unsere Erfahrungen bestätigen, dass das »Über-den-eigenen-Tellerrand-Schauen« ein Schlüssel-Erfolgsfaktor schlechthin ist. Umweltoffen zu bleiben, Dialoge zu führen, unbequeme Widersprüche zuzulassen, eine wache Auseinandersetzung mit Latenzen, das mentale und tatsächliche Überschreiten von Grenzen – all das fördert Zukunftsfähigkeit. Erfolgreiche Unternehmen verstehen sich als Gestalter und nicht als Getriebene. Das bedeutet, im Rahmen der eigenen Möglichkeiten – die oft weiter gesteckt sind, als man gemeinhin annimmt – Aufgaben in Angriff zu nehmen, die über die unmittelbare Zielsetzung des Unternehmens hinausgehen.

Diese weit gefasste unternehmerische Verantwortung hebt kompensatorisch die »strukturelle Unverantwortlichkeit« der Politik auf und nimmt sie in das eigene Aktionsfeld mit hinein, was im Sinne einer Umwegrentabilität zu einem Mehrwert der Kernleistungen führen kann.

Allerdings müssen die einflussreichen Akteure hinter einem solchen Perspektivenwechsel stehen bzw. sich in die entsprechende Richtung entwickeln.

Die wechselseitig befruchtende gemeinsame Entwicklung von Managern und Beratern ist eine weitere Voraussetzung für den Erfolg dieses anspruchsvollen Unterfangens.

Auch seitens der Berater gilt es, vielfältige Voraussetzungen zu erfüllen, um dieser Aufgabe gerecht zu werden. Eine entsprechende Werthaltung, das Wissen um die gesellschaftspolitischen Faktoren, die Fähigkeit, mit Komplexität und Widersprüchen umzugehen – all das ist dabei von grundlegender Wichtigkeit. Daher legen wir auch großen Wert darauf, unsere Netzwerkpartner, die alle unsere Qualifizierungsprogramme durchlaufen müssen, in persönlichen Vorgesprächen auszuwählen und die gesellschaftspolitische Dimension im Ausbildungsprogramm nicht zu vernachlässigen.

Alles in allem ist dies ein hoher Anspruch. Aber wie Hermann Hesse so schön sagte: »Die Würde des Menschen steht und fällt damit, dass er sich Ziele im Unerreichbaren setzen kann, wie seine Tragik darin liegt, dass er den Weltlauf und die Praktiken der Welt gegen sich hat.«

Literatur

Aichinger, H.: Jeder für sich und alle gemeinsam; Raiffeisen braucht den Widerspruch. In: Journal Königswieser & Network, Heft 6 (2010) S. 10–11.

Burmeister, Lars/Steinhilper, Leila: Führung als Katalysator für Veränderungsprozesse. Ein Beratungsprozess bei der Kasseler Sparkasse. In: Zeitschrift für Organisationsentwicklung, Heft 3/2010, S. 47–57.

Capgemini Consulting: HR-Barometer 2009.

Cichy, U./Matul, C./Rochow, M.: Vertrauen gewinnt. Die bessere Art, in Unternehmen zu führen. Stuttgart 2011.

Clement, U.: Kon-Fusionen. Über den Umgang mit interkulturellen Business-Situationen. Heidelberg 2010.

Finke, Marc: Führungskräfte als kritischer Erfolgsfaktor der Wettbewerbsfähigkeit von Sparkassen – Methoden und Modelle zur nachhaltigen Veränderung der Führungskultur. Masterthesis zur Erlangung des akademischen Grades Master of Business Administration im Studiengang »Management of Financial Institutions«, 2009.

Glaser, R./Sollors, G.M.: Die Praxis der Komplementärberatung im Rahmen von Unternehmenstransaktionen. In: Zeitschrift für Organisationsentwicklung, Heft 2/2010, S. S. 75–85.

Gratton, Lynda: The Shift. How the Future of Work is Already Here. London 2011.

Jansen, S.A.: Mergers & Acquisitions. Unternehmensakquisitionen und -kooperationen. Eine strategische, organisatorische und kapitalmarkttheoretische Einführung. 5. Aufl., Wiesbaden 2008.

Jansen, S.A.: Management von Unternehmenszusammenschlüssen. Theorien, Thesen, Tests und Tools. Stuttgart 2004.

Jochum, G./van Overstraeten, P.: Produktbeispiel »Newco & Transactions«. In: Königswieser, R./Sonuç, E./Gebhardt, J./Hillebrand, M. (Hrsg.): Komplementärberatung. Das Zusammenspiel von Fach- und Prozess-Know-how, Stuttgart 2006. S. 111–118.

Königswieser, Roswita/Hillebrand, Martin (2007): Einführung in die systemische Organisationsberatung. Heidelberg 2007.

Königswieser, R./Sonuç, E./Gebhardt, J./Hillebrand, M. (Hrsg.): Komplementärberatung. Das Zusammenspiel von Fach- und Prozess-Know-how. Stuttgart 2006.

Krusche, B.: Merger? Merger! Fusionsprozesse verstehen und gestalten. Heidelberg 2010.

Luhmann, N.: Soziale Systeme; Grundriß einer allgemeinen Theorie. Frankfurt 1984.

Majunke Consulting/Corporate Finance (Hrsg.): Yearbook Mergers & Acquisitions 2010/2011. Nachschlagewerk für die deutschsprachige M & A-Branche. Düsseldorf 2011.

Mintzberg, H., Ahlstrand, B., Lampel, J.: Strategy Safari. Eine Reise durch die Wildnis des strategischen Managements. München 2007.

Ulrich, Dave/Brockbank, Wayne: The HR Value Proposition. New York 2005.

Herausgeber und Autoren

Ulrich Königswieser
Geschäftsführer und Gesellschafter von Königs-
wieser & Network; internationaler Berater und
Managementtrainer im Change Management;
Studium der Wirtschaftswissenschaften,
Mag.rer.soc.oec., Ausbildung in Gruppendynamik,
Systemische Berater-Langzeitausbildung.
Tätigkeitsschwerpunkte: Strategie, Restruktu-
rierung, Kulturelle Veränderungen,
Leadership-Programme, Teamentwicklungen
und Coaching; Trainer für systemisch-komple-
mentäre Berater und interne Veränderungsmanager; Lehrtätigkeiten an der
Webster University Vienna.

Lars Burmeister
Geschäftsführender Gesellschafter von
Königswieser & Network;
Bankkaufmann, Kommunikationswirt,
Systemische Berater-Langzeitausbildungen
in Wien und Wiesloch.
Tätigkeitsschwerpunkte: Systemisch-komplemen-
täre Beratung, Begleitung von komplexen
Veränderungsprozessen, Strategieentwicklung
und Organisationsentwicklung mit besonderem
Augenmerk auf der Gestaltung nachhaltiger
Entwicklungsprozesse, Führungskräfte-/Persönlichkeitsentwicklung
und Coaching; Lehrtätigkeiten an der Fachhochule Frankfurt am Main,
University of Applied Sciences.

Marion Keil
Geschäftsführende Gesellschafterin von Königs-
wieser & Network;
Diplom-Soziologin, Dr., Ausbildung in systemischer
Beratung, Systemische Berater-Langzeitausbildung.
Tätigkeitsschwerpunkte: Beratung und Begleitung
von Change-Prozessen, Integration von Unter-
nehmensstrategie, -kultur und -struktur, Leader-
ship-Entwicklung, Großgruppenmoderation,
Teamprozesse. Internationale Ausrichtung:
Beratungen in Asien, Amerika und Afrika.

Charlotte Götz-Pagni
Projektleiterin und Netzwerkpartnerin von
Königswieser & Network; selbstständige Unter-
nehmensberaterin und Mitgründerin von ISKON,
Systemisches Institut für Beratung, Mailand.
Studium der Kommunikationswissenschaften,
Mag. publ., Ausbildungen in systemischer Organi-
sationsberatung und Familientherapie, inter-
kultureller Kompetenz und lösungsorientiertem
Arbeiten nach Steve de Shazer.
Tätigkeitsschwerpunkte: systemische Beratung und
Ausbildung, Expertin für die Begleitung von Veränderungsprozessen für
Führungskräfte, Gruppen und Organisationen; Persönlichkeitsentwicklung,
internationale Kompetenz und Lösungsorientierung; Lehrtätigkeit am
Schweizerischen Institut für Finanzausbildung Kalaidos, Zürich.

Martin Hillebrand
Geschäftsführender Gesellschafter Königs-
wieser & Network;
Diplom Psychologe, Ausbildung in Gesprächs-
psychotherapie nach Rogers, Systemische Berater-
Langzeitausbildung.
Tätigkeitsschwerpunkte: Gestaltung und
Begleitung von komplexen und nachhaltigen
Veränderungsprozessen, Entwicklung und
Umsetzung von Strategien, Ausbildung von
Veränderungsmanagern und Beratern.

Bernhard Koye
Projektleiter und Netzwerkpartner von Königs-
wieser & Network; selbstständiger Unternehmens-
berater und Geschäftsführer von Koye & Partner
GmbH, Zürich, Prorektor und Institutsleiter an
der Fachhochschule Kalaidos, Zürich.
Studium der Wirtschaftswissenschaft, Dr. oec.,
Promotion zum Thema der Bedeutung des
Informations- und Netzwerkzeitalters für Ge-
schäftsmodelle. Systemisch-komplementäre
Berater-Langzeitausbildung.
Tätigkeitsschwerpunkte: Komplementäres Veränderungsmanagement mit
Spezialisierung auf Strategie-, Struktur- und Prozessgestaltung. Coaching-
erfahrung im Spitzensport; Lehrbeauftragter und Konferenzleiter bei der
Universität Zürich & St. Gallen (HSG), AZEK, am Swiss Finance Institute
(SFI) und beim Euroforum.

Erik Lang
Netzwerkpartner von Königswieser & Network;
Studium der Betriebswirtschaftslehre und Infor-
matik, Lic. oec. publ.; Führungs- und Manage-
mentweiterbildungen, Coaching-Ausbildungen,
Systemische Berater-Langzeitausbildung.
Tätigkeitsschwerpunkte: Strategieentwicklung und
-implementierung, Gestaltung und Begleitung
von komplexen und nachhaltigen Veränderungsprozessen, Neudefinition und Implementierung
von Geschäftskern- und Führungsprozessen sowie
das Management großer internationaler Projekte.

Marion Perger
Projektleiterin und Netzwerkpartnerin von
Königswieser & Network; selbstständige Unter-
nehmensberaterin Perger Beratung, Bonn.
Diplom-Psychologin, Dr. phil., Ausbildung in
systemischer Organisationsberatung, Gruppendy-
namik und Tiefenpsychologie.
Tätigkeitsschwerpunkte: Konfliktmanagement,
Gruppendynamik, Führung, Coaching und
Change-Management.

Eva-Maria Preier
Netzwerkpartnerin von Königswieser & Network;
selbstständige Unternehmensberaterin, Trainerin,
Coach.
Studium der Wirtschaftspsychologie in Wien;
Mag., Coaching-Ausbildung, Systemische Berater-
Langzeitausbildung
Tätigkeitsschwerpunkte: Beratung und Begleitung
von Entwicklungs- und Veränderungsprozessen,
Management-, Teamentwicklungen, Berateraus-
bildungen, Konfliktbearbeitungen, Coaching.

Uwe Scheutz
Projektleiter und Netzwerkpartner von Königs-
wieser & Network; selbstständiger Unternehmens-
berater Scheutz & Partner, Wieselburg.
Ausbildung zum Bank- und Exportkaufmann,
Systemische Berater-Langzeitausbildung.
Tätigkeitsschwerpunkte: Beratung und Begleitung
von Entwicklungsprozessen (Integration, Strategie),
Team- und Leadership-Entwicklung, Coaching;
Führungs- und Generationswechsel.

Adrienne Schmidtborn
Netzwerkpartnerin von Königswieser & Network;
Diplom-Psychologin; Systemische Therapieausbil-
dung, Systemisch-komplementäre Berater-Lang-
zeitausbildung.
Tätigkeitsschwerpunkte: Systemisch-komplemen-
täre Organisationsberatung mit Spezialisierung auf
Systemdiagnose, Teamentwicklung, Evaluation
und Wissensmanagement; Lehrtätigkeiten an den
Universitäten Hohenheim und Mannheim.

Patricia van Overstraeten

Netzwerkpartnerin von Königswieser & Network;
Studium der Wirtschaftswissenschaft in Belgien
und Deutschland, Licentiaat Handelswetenschap-
pen; Ausbildung in Team- und Organisationsentwicklung, Systemische Berater-Langzeitausbildung.
Tätigkeitsschwerpunkte: Begleitung von Verände-
rungsprojekten und Beteiligungen in allen
Lebenszyklus-Phasen, insbesondere bei Integrationsprozessen (PMI); die Durchführung von
Großveranstaltungen sowie gesamtheitlicher
Portfolio-Analysen und Restrukturierungen.

Roswita Königswieser

Vorsitzende der Geschäftsführung und Gesell-
schafterin Königswieser & Network, Systemische
Beratung und Entwicklung GmbH, Wien,
Bremen; Dr. phil.
Tätigkeitsschwerpunkte: Systemische Beratung in
komplexen Veränderungsprozessen in Mittel- und
Großunternehmen; Integration von Prozess- und
Fachberatung, wissenschaftliches Arbeiten und
Publikationen; Coaching von Topmanagern,
Weiterbildung für Veränderungsmanager und
Berater.